南瓜之車

啊南瓜
南瓜種在星子與星子
之間的雲泥上
開花，完熟，化成了
黃金的車輛

南瓜的籽是我們的夢
星圖是我們身世的臉譜
占星之學是我們的靈魂所
隨身攜帶的天平
在偌大的宇宙中
我們不會迷航
憑著地圖
靈魂有他最好的旅行方向

親愛的你
坐上黃金的馬車了嗎？

婚神星的婚姻密碼

千里姻緣何處牽

Juno in Signs, Houses, Aspects

韓良露 著

韓良露
生命古星學院

興趣廣泛、身份多元的知名文化人韓良露，除了大家熟知的作家、媒體人及文化推動者身份之外，她也是藝文圈中最受重視的占星學大師。

二〇〇三年起她在金石堂金石書院（現龍顏講堂）開設占星課程，由於口耳相傳、好評不斷，課程一直持續到二〇一〇年才劃下休止符。在長達八年的四百多堂課中，她以歷史、哲學、心理學、社會學的角度，將占星的深層智慧化為生動的教學內容，讓大家在學習與命運對話的同時，獲得看待人生的更高視野。

這一系列課程不但架構了宇宙法則的邏輯，也融入她對人性與社會的觀察，但因資料整理工程浩大，成書計劃一直未能完成，為避免這些珍貴課程內容成為絕響，南瓜國際透過多年來數量龐大的上課錄音及相關資料，依據當時課程的規劃邏輯，整理成為系列書籍，期望能藉由文字重現精彩、動人且充滿智慧的上課盛況。

目錄

PART 4

婚神星相位——婚姻道場演出的情節

PART 5

婚神星人際合盤——婚姻伴侶的相處之道

序

識時務者為好太太

婚神星不管落在什麼星座，這個星座的原型都是當事人心目中理想的婚姻對象，世界上可說並沒有完美的婚姻，每個婚姻原型也各有其缺點。例如，婚神星摩羯或婚神星處女的人很可能會找到讓他們比較辛苦的對象，但是他們內心當中都會覺得理想的婚姻對象本來就應該是這樣。可是當一個人的婚神星落在雙魚，雙魚本來就是幻象，現實世界中的任何人都不是幻象，因此他們心目中的真命天子或真命天女，根本不可能在現實生活中出現。婚神星雙魚最大的問題在於，雙魚本身就意謂了失落，也就是說，婚神星如果落在雙魚，他們即使結婚，也都會覺得自己是囿於現實、便宜行事。

像我的婚神星落在天秤，儘管婚神星天秤有不夠深刻的缺點，但對婚神星天秤的我來說，這就是最適合我的婚姻原型。我經常跟我的上昇天秤先生說，我這輩子能碰到你真是運氣好，假如我沒有遇到你的話，這輩子我真不知道會有多慘——這不是哄老公的甜言蜜語，而是真的這麼想。要不是遇到這樣的對象，我覺得我根本不可能有辦法維持一種我想要的理性生活：每天可以跟另一半像朋友一樣聊天，每天不吵架，遇到複雜的問題，兩個人一起大家都不要面對，這樣的人生真是太幸福了。也就是說，我根本不覺得天下有什麼十全十美的理想婚姻，所以根本不覺得世界上有任何人比我先生更適合我——會這麼想的太太，的確可以說算是一個好太太。除了很識貨之外，更重要的是很識時務。

在希臘神話中，希拉之所以跟宙斯結婚，成了婚姻制度的守護者，就是希望擁有一段心目中的完美婚姻。雖然他們沒有辦法完成這個目標，但是這個神話說明了理想婚姻的本質：在婚姻中沒有背叛，並且能夠藉由婚姻讓兩人產生更深層的連結，從此結為一體，不分你我。

從婚姻關係中會發現，或許我們以為我們跟家人的關係很深，或者以為我們跟某些朋友的關係很深，甚至有時候我們會感覺跟某些人彷彿心有靈犀，但是結了婚以後就會發現，這些全部都比不上婚姻關係來得深。婚神星將兩個人綁在一起，你泥中有我，我泥中有你，藉由婚姻的深度連結，讓人領悟人與人之間的太極和諧狀態，讓兩個人從失樂園重回伊甸園。

面對宇宙為每一個人寫出的絕妙劇本，不懂占星學的人只能是演出這個故事的演員，但懂得占星的人卻可以同時既是演員，又是觀眾，同時擁有兩種身分。不但能夠領略故事背後更為深層的意義，也比較不會過於沈溺其中、當局者迷。本書藉由婚神星的神話，帶大家看到自己的婚姻原型，早已嵌在神話中閃閃發光；藉由本命星圖婚神星的星座、宮位、相位，透視自己這輩子的婚姻邏輯；藉由婚神星的人際合盤，跟對的人一起過好婚姻生活。

註　註本文依據二〇〇七年「四小行星」相關錄音整理而成。

PART

1

婚姻神話中不能說的祕密

婚神星既不是月亮的親情，也不是金星、火星的單純本能需求，它可以說是一種愛恨交織的激情。婚神星的課題，在於想要在兩個人的親密關係中，尋找深刻連結的可能性，它包括了人際關係中最糾葛的權力、金錢與性的連結。

婚神星在占星學中的設計，就是身而為人的我們，如果想要進化到能夠了解宇宙更高層次的智慧，包括什麼叫放下、什麼叫提升、什麼叫疏離、什麼叫大愛，如果單憑自己一個人是很難了解的，因為我們不知道自己的極限在哪裡。可是我們透過跟別人產生的連結，尤其是透過婚神星糾葛而複雜的深刻連結，我們才能知道我們的性格與潛意識中，最脆弱、最放不下、最貪嗔癡的那一面。

一個人獨修其實很容易。如果我們把一個在深山裡獨修的出家人抓下來，塞給他一個太太，看他還怎麼修。一個人獨修時，他的嫉妒、佔有，所有跟別人親密接觸時的幽微情緒，這些都無從體驗。一輩子都在獨修的人，他們可以輕鬆的告訴大家要放下、要想得開。但從某種程度來說，有一點紙上談兵。

獨修的人其實修的是自己的金星、火星。因為獨修可以很簡單的控制住金星、火星，讓它們都別動，這樣就不會起色心，不會對情感執著，也不會對金錢有戀棧之心。但光是這樣，還是修不成婚神星的深刻功課。在高等的佛學理論提到，沒有經歷過貪嗔癡慢疑五毒的人，就沒有辦法真正了解跟人有關的深刻課題。

婚神星在占星學的玄學理論上有其極高的境界，雖然對一般人來說，這幾乎是不可能做到——連神話中的朱庇特跟婚神星朱諾都做不到，更別說我們凡夫俗子了。

Chapter/1

婚神星的神話

婚神星朱諾（Juno）即希臘神話中的希拉，她是木星朱庇特（Jupiter，即希臘神話中的宙斯）的妻子。在希臘神話中，希拉是宙斯的姊姊，早在宙斯成為眾神之神，住進奧林帕斯山統治宇宙之前，希拉就已經廣受世人崇拜。宙斯的父親克羅諾斯（Kronos）為了擔心被子女推翻，因此只要妻子瑞亞（Rhea）每生一個小孩，克羅諾斯就會把小孩吞進肚中，後來瑞亞終於受不了，她把宙斯生下以後，將宙斯藏在克里特島，另用布包了一塊大石頭，假裝成宙斯讓克羅諾斯吞下。宙斯長大以後反抗父親，並且逼克羅諾斯將之前吞下的子女一一吐出，包括赫斯提亞（即灶神星維斯塔）、狄蜜特（即穀神星瑟瑞斯）、黑底斯（即冥王星普路托）、希拉（即婚神星朱諾），由此可見，實際上宙斯是這些神的弟弟。

細看這個故事不難發現，這個神話講的其實就是宇宙大爆炸。就現在的物理學界理論，宇宙並非永遠存在，它始於大約一百三十七億年前的宇宙大爆炸。這個神話很多細節都呼應了物理學研究，這也意謂著神話或許是古人透過一種非科學語言，試圖講述一個他們無法解釋的現象。冥王星跟小行星們先被吞下肚，後來又被吐出來的過程，有點類似最近科學界認為，小行星應該是原本應該形成行星的殘留物，它們因為引力作用而不斷的碰撞、破碎，而且可能被逐出原有軌道。其中冥王星又被彈射得特別遠——當然這件事也符合冥王星毀滅與新生的特質——冥王星跟婚神星具備相近的占星特質，這兩顆星共同掌管天蠍座及第八宮。

宙斯與希拉的婚姻神話

在神話中，宙斯非常風流，他跟無數的女神、女人上過床，但他一直對自己的姊姊希拉念念不忘。

為了追求希拉，宙斯在一個大雨的日子，變身為一隻可憐的杜鵑鳥，希拉看到之後非常同情，於是將這隻杜鵑擁在胸前，結果宙斯就趁勢恢復原樣，強暴了希拉。希拉被強暴之後覺得很羞慚，或者她基於某些考量，後來就決定嫁給宙斯。

從這部分的婚神星神話中，可以看出天蠍座、八宮很強，或冥王星有很強相位的人有一個特質：婚前的性跟婚後的性，會有很大的不同。原因在於性這件事並不屬於婚姻，婚姻其實是一種扼殺性欲的制度。大家常說「婚姻是戀愛的墳墓」，其實不然。愛情並不會被婚姻扼殺，我們跟先生、太太在一起，不管是二十年、三十年，我們當然有可能會越來越愛對方。愛情真的可以歷久彌新，但性欲不可能，所以婚姻並不是愛情的墳墓，但它一定是性欲的墳墓。

雖然宙斯非常風流，但是他唯一的一封情書是寫給希拉。裡面寫道，雖然他跟很多人上過床，可是從來沒有任何人像希拉一樣，讓他感覺到這麼強的渴望。這種前所未有的甜蜜又激情的渴望，使他只想娶希拉為妻。這種性欲的激情，讓宙斯覺得自己深深愛上希拉。但兩人一結了婚，宙斯對希拉的性欲就立刻消失，新婚沒多久，宙斯就又開始在外到處偷腥，讓希拉震怒不已。

在希臘神話中，希拉在婚前是眾所皆知的大美女，她散發的肉體魅力，連情場老手宙斯都無法抗拒。因此宙斯跟希拉結婚以後完全沒有生下任何子女，這件事情其實相當不可思議。這或許只說明了一個事實：婚姻不見得會扼殺愛情，但婚姻絕對會扼殺性欲。在這個世界上，幾乎大部分夫妻在結婚三年之後，大概性欲都被扼殺得差不多了，但這件事卻沒有人敢大聲講出來。這明明是舉世共通而且與大家息息相關的重要民生大事，可是沒有報章雜誌或任何專題新聞公開探討這件事，可見這件事恐怖到沒有人敢公然將它說出口。

婚姻制度不能說的祕密

人類文明不願意承認的祕密是：婚姻制度扼殺了情欲——可能代表人類真的很努力維護一夫一妻制，為了一夫一妻制帶來的共有財產、帶來的安全感、帶來的子女、帶來的親情，甚至可能會帶來歷久彌堅愛情，寧可絕口不提婚姻會扼殺宙斯在婚前最想從希拉身上得到的東西，就是肉體的吸引力。

本命星圖中，天蠍座原型特別明顯的人，他們也特別容易在婚姻中強而有力的感受到婚姻扼殺或壓抑性欲這件事。這又回到另一個主題，本命星圖中天蠍座很強的人為什麼會在婚後特別感受到性欲被扼殺？因為他們對婚姻忠貞。今天如果換成一個牡羊座、雙子座，他們結了婚以後，如果有適當機會，該偷吃的還是照樣偷吃，他們當然不會覺得結了婚之後，性欲就被扼殺。一個對婚姻天性忠貞或選擇忠貞的人，他們在婚姻中比較容易感受到性欲被扼殺。

希拉跟宙斯結婚以後，因為一夫一妻制的龐大壓力，她變得有一些不正常，每每為了追殺宙斯的情婦與私生子，變得極度殘酷、極度不理性。因此八宮也跟心理治療、精神分析有關。

在母系社會中，女人的性向來不需要被管束。在母系社會中，身為一個女神，她想要跟誰交配都可以，擁有選擇權的是女神，這是身為一個女神的權利。當希拉進入了被父系社會法律規範的一夫一妻制時，她就被剝奪了以往母系社會時，女神可以隨心所欲的跟人上床的權利。母系社會結束時，女性挑選男性上床的權利也徹底隨之結束。從父系社會開始，挑選權轉移到男性身上，但畢竟女想男隔層紗，男想女隔重山，性愛在進入父系社會之後，都不像以往來得這麼容易。即使神通廣大如宙斯，他能騙到的女神、女人也有限，再也不像以往母系社會時，女神想上床這麼簡單。

也就是說，當人類進入了父系社會之後，就開始有了性壓抑問題。這也是天蠍座與八宮要探討的主題。佛洛伊德畢生研究的重點，主要都在探討性壓抑如何變形成各種心理問題。事實上佛洛伊德（他的本命星圖中，月亮在八宮）的精神分析，可以說就是一種八宮的心理學。在一夫一妻制中，希拉是女方，而女性在婚姻中遇到的各種性壓抑問題，被佛洛伊德視為許多精神問題的來源。原因在於它並不是人類生物上先天會有的問題，它是因為人類文明而造成的結果。人類也是一種動物，動物本質上其實應該是雜交的，一夫一妻制的婚姻，就是一種文明化違反本性的過程。

希拉由於嫁給了宙斯，因此成為了婚姻女神。宙斯代表的其實是父系社會的崛起，而婚姻女神的出現，則顯示母系社會結束，人類開始走入了父系社會。一夫一妻制是父系社會的產物，婚姻女神要保障的就是一夫一妻制的合法權利。所以要看一個人訂婚、結婚，甚至也包括離婚，婚神星的相位很重要。婚神星界定了所有跟合法婚姻有關的事物，不只是婚禮、婚生子女權益，還包含合法的養子與私生子，以及繼承人等等。合法婚姻最主要的任務，就是要以法律來保障婚姻的繼承權。

希拉在婚前曾經被視為奧林帕斯山上最有魅力的女神。奧林帕斯山眾女神中，只有兩個女神結了婚，一個是天后希拉，一個是阿芙蘿黛蒂（Aphrodite，即羅馬神話中的金星維納斯）。希拉是婚姻制度最忠誠的擁護者，而阿芙蘿黛蒂從頭到尾都沒有對婚姻忠貞過。

從這裡我們可以看到一件事：天蠍座本質上對婚姻很忠誠。我認識許多天蠍座女生，她們在婚前是多麼魅力四射、不可一世，但結婚以後，如果真的仔細查看，相較於給人玉潔冰清形象的處女座，天蠍座在婚後的忠誠度絕對遠勝。因為天蠍座他們具有對婚姻忠實的本能，他們可以說是對婚姻制度忠誠，而非對婚姻對象忠誠。

天蠍座是人類進入一夫一妻制的分水嶺，而只要是一夫一妻制，都會產生性壓抑問題。一個天蠍座男生，當然會比牡羊座男生忠實。而一夫一妻制的父系社會，對女性的壓力又比對男性更大。

事實上任何婚姻中，都藏著一個宙斯與希拉在婚姻遇到的複雜故事，只是這個故事未必被人述說出來罷了。

Chapter/2

行星與小行星的不同課題

大家在學婚神星、灶神星、智神星、穀神星（註）這四小行星時，常常會發現這四顆小行星都跟我們生命中的重要主題有關，而這四顆小行星的生命主題，如果純粹做為簡單的算命，會有點困難。當然四顆小行星的生命主題，可以被簡化成很簡單的算命條文，但它們的精要之處，其實在於它們可以為我們的人生，提供了一種神話性的生命經驗。

但我們閱讀婚神星、灶神星等四小行星的內容時，常常會有一種超越簡單語言、文字的深刻感觸。你會覺得生命中有一個幽微的部分，被一些神話主題給打動。你會覺

註　灶神星的相關內容，請見已經出版的《生命之火為誰燒：點燃灶神星的性能量》，穀神星、智神星相關內容，也將於近期出版。

得你的一生中某些生命旅程與經歷，被嵌在這些亙古以來神話的閃閃發光地圖中。你成為了一個神話中的角色，你跟這些神話角色具有相同的特質，也面臨相同處境。因此你會從這些神話中對這些生命主題產生一種很深的情緒上的理解，以及隨之而來的靈性智慧，它遠遠超乎心智理解能夠到達的範圍。你會在這些神話故事中，發現自己觸及了一些原先你不可能觸及到的靈性課題，這種深沈的感動，遠遠超越你的性格怎麼樣、你會發生什麼事之類的簡單算命通則。

內行星、外行星與小行星

「天上如是，地上亦然」，占星學藉由天體的運行來解析人世邏輯。

在太陽系中，在太陽系內側，火星、金星、水星、月亮、太陽，這五顆被占星學稱為內行星的天體，分別代表五種個人本能，包括火星的性欲、金星的情感偏好、水星的思考溝通、月亮的內在情緒、太陽的外在意識。

在太陽系外側的木星、土星、天王星、海王星、冥王星則分別代表五種社會性與宇宙性力量，包括木星的社會潮流、土星的社會現實、天王星的創新、海王星的夢想，以及冥王星的毀滅、重生。

介於其中的小行星帶中的四顆重要小行星：灶神星（Vesta）、穀神星（Ceres）、智神星（Pallas）與婚神星，則介於內行星的個人本能與外行星的社會、宇宙推力之間，它們探討的是四種跟人際關係特別有關的議題。灶神星點燃性能量之火，藉此跟別人產生互動；穀神星透過照顧與養育，跟他人產生連結；智神星追求雙方平等，以理性維繫人際關係；婚神星則是進入社會之前的最後關卡，它藉由婚姻的佔有與共修，跟他人產生最深刻的欲望。

內行星、小行星帶、外行星，這三個區塊，代表了每個人個體化完成的三個不同階段。內行星探討的全部都是個人本能，四小行星探討由淺入深的人際互動，外行星則探討外在大環境的社會、宇宙變遷。其中冥王星的位置其實很不合理，因為冥王星還是屬於人際經驗的一部分，但反而位於回歸無意識的海王星外側，而且體積甚至比月球還小，而且軌道很奇怪，彷彿被重重打了一拳之後，在天際漂流。因此遭到國際天文總會除名，退出行星之列。占星學將冥王星跟婚神星一起放在天蠍與八宮的位置，這樣比較合乎邏輯。

冥王星不像木星、土星、天王星、海王星這麼容易被理解。它的性質其實比較偏向小行星。冥王星與土星代表現實經驗，它們跟人類有關，也跟業力有關，而天王星、海王星往往超出人類經驗。十顆主要行星中，只有月亮、土星、海王星與冥王星，這四顆星跟輪迴宿命有關，其他太陽、水星、金星、火星、木星、天王星都跟命運有關，但跟輪迴業報無關。太陽、水星、金星、火星、木星、天王星的新命運，是要用來協助我們面對月亮、土星、海王星、冥王星從過去世輪迴中帶來的負面業力或正面業力。如果一個人的月亮、土星、海王星、冥王星從過去世帶來的是正面業力，但他們這一世的太陽、水星、金星、火星、木星、天王星都在胡亂過日子，就會結下未來新的負面業力；一個人或許從月亮、土星、海王星、冥王星帶來的是負面業力，透過太陽、水星等等的協助，則讓我們能夠讓過去世的負面能量，有一個比較好的了結。這裡面永遠有命運的新進展，跟過去輪迴業報結算之間的張力。

儘管星圖中所有的行星位置、相位關係都跟命運有關，但並不是星圖這張生命地圖都跟輪迴業報有關。命運與輪迴業報是兩回事，因為如果星圖中所有的命運都跟輪迴業報有關的話，它就沒有新的命運了，如果所有的命運都是過去世業力的結算，這樣就沒有新的學習了。如果所有的命運都是過去多生多世命運的結算，大家這輩子也不必活了，何況結算也總有終結的一天，如果沒有新的命運的學習，就沒有新的可能性。命運當中，有一部分是靈魂業報，也有一部分是跟靈魂業報無關的全新命運。命運本身大於輪迴業報，命運中有一部分是輪迴業報的宿命，也有一部分是跟過去無關的全新命運的可能性。

跟冥王星一起掌管天蠍與八宮的婚神星，它是人際經驗中的重要主題。在十二個星座特質與十二個宮位情境中，牡羊到獅子、一宮到五宮，這些都是純屬個人的能量與個人領域，到了掌管處女座與六宮的穀神星、灶神星時，穀神星藉由養育他人的服務，來證明自我的價值；灶神星則藉由性能量與他人的連結中，尋求與內在自我對話，淨化自己。直到智神星掌管的天秤座與七宮合夥關係宮，以及由婚神星、冥王星掌管的天蠍座與八宮共有資產宮時，才真正進入以他人為重的人際經驗。之後到了木星掌管的人馬座與九宮時，發展的就是社會經驗，而不再是人際經驗了。

從火星（掌管牡羊、一宮）、金星（掌管金牛、二宮）、水星（掌管雙子、三宮）、月亮（掌管巨蟹、四宮）、太陽（掌管獅子、五宮），這五顆內行星都跟個人有關，而從木星（掌管人馬、九宮）開始，木星跟土星（掌管摩羯、十宮），它們都跟社會有關，而天王星（掌管寶瓶、十一宮）與海王星（掌管雙魚、十二宮）則跟宇宙能量有關，它們都跟他人無關。

智神星與婚神星的差異

跟他人最有關的智神星（天秤、七宮）與婚神星（天蠍、八宮），兩者有什麼不同？智神星的他人，指的是「我」跟「你」，在智神星我跟你的關係中，雙方是平等的，智神星的本質，就是我跟你之間要平等，或許我跟你不同，但我跟你要合作。即使我跟你可能對立，但這些全部都是我跟你之間的事情。有時候我們會發現，當一個人的智神星落在一個很理性的位置時，他們說起人際關係、親密關係時，往往可以說得頭頭是道。可是如果這個人的婚神星落在一個很不穩定的星座，或者跟其他行星形成了一個很不穩定的相位，他們在實際處理情感關係時，就可能完全是兩回事，而當事人可能根本沒有能力了解自己在這兩件事上的差異。

婚神星則進入了一個更複雜的狀況。婚神星不是我跟你，它是「我們」。所以星圖中有很強的天蠍，例如有很多行星落在天蠍，或者太陽、月亮、上昇天蠍的人，不管是跟他們的先生、太太、父親、母親，或其他生命中重要的人，他們在生命中都會遇到很多跟「我們」有關的主題。

如果一個人屬於上述狀況，就很容易會發現，「我們」這個主題沒有平等可言。在天蠍、八宮的「我們」主題中，沒有公平、沒有正義。也沒有彼此之間要和諧、合作，這些都不存在。所謂的「我們」，就是不分你我，因此沒有平等可言，當它沒有平等可言，也就沒有理性可言。

婚神星沒有理性可言，而智神星有。其實智神星會遇到的很多問題，都是因為他們相信事物必有理性，但其實不然。智神星相信人與人之間必須平等、正義，相信人與人之間必須合作，人類經驗卻不見得都會奉行這些原則。本命星圖中智神星或天秤座很強的人，往往會因此而感到受挫，常常會抱怨人際關係的複雜，但智神星不管遇到的問題再嚴重，這些問題只會觸及到心智的困惑，或者在心智上感到不舒服，可是不會在情緒上受到很大的傷害。所以本命星圖中天秤座很強的人，他們或許常常會困惑、會難過，但是他們通常不會是很痛苦的人。他們不會經歷很深的傷痛、情緒的極度迷亂或無法自主。

婚神星不同，婚神星與天蠍座幾乎不可能從八宮的「我們」主題中超脫。因為這個主題觸及了人類集體與個體之間最深的意識。八宮是心理分析之宮，它是人間道場。因此本命星圖中，如果有很強的天蠍、很多行星落在八宮，或者有重要的冥王星相位的人，這一生一定會經歷過非常大人際關係的痛苦。當然其中也有較好與較壞之別，最明顯的分辨方法，就是一個天蠍很強的人，如果本命星圖中還有一些行星落在人馬，或者重要行星跟天王星、海王星有相位，當事人就會好過得多。

智神星跟婚神星的設計，目的是讓我們能夠體悟到人類不是只靠著心智過活。在人類的理性底下，有著非常複雜的貪嗔癡慢疑的情緒，這種表層底下的情緒，更能夠影響到我們跟他人之間親密關係的狀態。

月亮之愛與婚神星之愛

在人際關係上，我們跟他人的緣分其實是很多元的。金星、火星乍看起來跟他人有關，但其實這兩顆行星完全是為了滿足自我的需求。所以真正跟他人有關的行星，得要從月亮開始算起。藉由月亮的連結，我們開始跟他人建立起家人與親情的緣分。

當兩個人的人際合盤中，如果出現了月亮的重要相位，月亮相位會為彼此帶來家人般的感覺，即使雙方的金星、火星不和諧，但是他們還是會覺得住在一起時，會有一種親人般的親密感。當我們成年離開自己的原生家庭之後，我們會很在乎是否能跟別人建立起這種家人般的親密感。

因此兩個人的合盤中，如果月亮相位不錯，會對兩個人長期建立起穩定關係非常有幫助，尤其現代以人數較少的核心家庭為主的家庭形式中，合盤中的月亮相位很重要。可是人與人之間，月亮在合盤中的好相位，不見得一定只限於用在夫妻關係。或許我們跟我們的同學、室友、親戚之間的合盤中，如果有很好的月亮相位，我們都有可能跟不同人有緣分建立起一種家人般的感情。，一對夫妻如果月亮相位好，即使離了婚，他們可能也還是同住在一個屋簷下，因為他們覺得彼此之間有一種家人般的感覺。

月亮的家人般的感覺，有助於我們跟他人建立起重要關係。可是不能完全憑著月亮的家人般的感覺，來論斷兩個人在婚姻關係中的角色。月亮的家人關係跟婚神星的婚姻關係間，有一個很大的不同之處：家人關係中有很大量的包容。很多人可能很討厭他們的兄弟姊妹，但是常會因為家人血濃於水的關係，因而給予很大的包容。大家可能沒有想到的是，家人之間的關係往往並不會很深。大部分的人並不會跟自己的父母或兄弟姊妹，建立起很深的糾葛。但夫妻不同，夫妻之間的糾葛，常常遠比家人深得多。

舉例來說，前陣子我經過南村落附近的龍泉街夜市時，剛好前面有兩個大學女孩，她們正在聊每個月家裡會給她們多少零用錢。其中一個說，媽媽每天給她一百元，另一個驚呼，好好喔，這樣你一個月就有三千塊錢了！又接著追問，那這三千塊錢包不包括晚餐錢？如果每天回家吃晚餐的話，豈不是就又省了一餐……為了這三千元零用錢，兩個人興致高昂的討論了很多細節。我聽到之後不禁莞爾，心想大學生的欲望真的好低，每個月拿到三千塊零用錢，就樂成這樣。

讓我不由得想到，從小我的父母就對我非常大方。但不管父母對小孩大不大方，對於大多數的小孩來說，伸手跟父母要錢，基本上父母給多少就算多少，拿得到就拿得到，拿不到也就算了。除非到了父母真的年紀很老，小孩都不可能一天到晚在盤算父母的遺產有多少，想要先拿來用，即使心裡偶爾會這麼想，也不敢過於明目張膽，否則會顯得太沒良心。

小孩都會跟父母要錢，但小孩跟父母要起錢來，它跟太太跟先生要錢，這是完全不同的兩回事。我們常先入為主的認為家人關係很親，也常說小孩是討債鬼，但是比起婚姻中另一半的這種討債鬼來說——不只是太太盯著先生的薪水不放，一個愛賭博的先生跟太太拿起錢來，那更是可怕——小孩根本算不了什麼討債鬼。原因在於小孩子基本上還是覺得父母是在養他們，所以伸手跟父母拿錢，拿得到最好，拿不到也沒什麼大不了。而且大家想想，哪個小孩會跑去看父母存摺？兄弟姊妹更是如此，大部分人根本連自己的兄弟姊妹到底賺多少錢都不知道。可是很多先生或太太常常會覺得自己有權利知道另一半到底有多少錢，甚至要求另一半把存摺交給自己保管的也大有人在。

一般來說，家人再怎麼親，家人之間並不會經常有利益糾葛與利益衝突。由此可見，占星學的設計中，一個人在親密關係中，最容易跟人產生最大衝突的地方，就在婚神星。

我們一生中，最大的貪嗔癡慢疑，人生中最糾葛的人生道場，往往來自於婚神星的婚姻關係。如果沒有婚姻關係的設計，其實一個人很難真正的了解自己的本性。

婚神星主要還是反映在合法的婚姻關係中。如果一個人終生沒有結婚，某種程度上，代表他們這輩子不會經歷婚姻中的這麼複雜的人際議題。或許一個人當情婦當了一輩子，但是當情婦要面臨的議題，都不會比當太太來得複雜。如果一個人終身未婚，但並非單身的話，這種狀況或許可以從當事人七宮的狀態，看得出當事人在伴侶生活上的狀況。但婚神星的複雜，絕對不是單純的同居伴侶關係能夠盡述。

我們從神話中，一直可以看到一個主題：掌管七宮（婚姻宮）的智神星雅典娜終身未婚，而掌管八宮（共有財產宮）的婚神星朱諾則嫁給了朱庇特。七宮掌管的是婚姻中的理性部分，是兩個人的理性結盟，而婚神星掌管的八宮，這才是夫妻進入婚姻生活之後，在性、金錢、權力中糾葛難分的道場。仔細想想，一夫一妻制的合法婚姻，可以說是設計來挑戰人性的制度。我們能夠經歷到人間道場最嚴厲的試煉，就是婚神星。當我們在婚神星狀態時，我們才會察覺到非常多人際關係中最深的糾葛。

我在結婚前交過不少男友，也跟人同居過，但是即使如此，我都還不致於去看對方的存摺——當你覺得你可以去看同居男女友存摺時，其實在心態上，你已經算是要打算跟對方結婚了。而一對同居男女，跟一對已婚夫妻，如果有人在外頭另外偷交男女朋友被發現，造成的反應也當然是不一樣的。如果是男女朋友劈腿，你雖然會感到你被人背叛，但這是你個人受到的背叛，而已婚的夫妻關係中的外遇，他們會感覺到彼此之間的實質聯盟被對方破壞了。

月亮的親情、海王星的大愛、婚神星的激情

如果兩個人的月亮彼此和諧，不管他們是不是婚姻關係，很好的月亮合盤相位，都意謂著這兩個人能夠在同處一個屋簷下的家庭生活中感覺很愉快。所以有時候我們會發現，如果一對夫妻合盤中婚神星相位很不好，但月亮相位很好時，他們很可能會離婚，或者婚姻名存實亡，但是月亮的好相位，有可能會使他們即使離了婚之後，依然一直同住一個屋簷下。如果相反，我們也可以發現，有的夫妻婚姻很穩定，但是他們住在一起很痛苦。

在跟人際緣分有關的行星中，除了月亮會帶來一種家人般的親密情感，婚神星會帶來一種我們跟特定的某個人產生結盟般的深入關係，還有一種不同的情感類型，就是我們跟廣泛的陌生人之間的海王星情感關係。

月亮可說是一種相親相愛，婚神星是一種佔有性很強烈的激情，海王星則是一種毫無佔有性的大愛。我們不會因為捐錢給緬甸又捐錢幫助四川震災，就覺得好像虧待了誰。因為海王星的愛是可以分享的。其實月亮的愛也可以分享，在這三種人際關係中，只有婚神星的愛最無法分享。

所以想要了解我們會跟他人建立起什麼樣的緣分，首先要了解的是自己的月亮，先從月亮來檢視一下，看看我們能跟他人建立起一種什麼樣的相親相愛的親情；再從海王星中觀察自己跟他人之間，是否具有一種無私的大愛關係；進而從婚神星中觀察，看看自己在親密關係中，會用什麼樣的方式跟別人建立起具有佔有性的深刻的愛。

婚神星永遠是一種「我們」的關係，它絕對不像金星、火星是一種「我」喜歡、「我」想要的關係。它也不像智神星一樣，是我們在心智上、理性上想要的一種關係。當理性遇到了更複雜的婚姻情境時，理性常常會派不上用場。

金星、火星之愛與婚神星之愛

在各式各樣跟情感有關的行星，大致上學到婚神星，就可說是告一段落。因為婚神星之後的木星、土星、天王星、海王星、冥王星，都不再那麼直接的與個人情感有關。

嚴格來說，金星、火星都不能算是跟他人有關的行星，這兩顆行星會讓我們感覺跟他人有關，但這只是一種錯覺。當我們的金星喜歡一個人時，我們在乎的是我們自己的喜歡，但事實上，對方未必喜歡我們喜歡他。有時候我們會發生一些莫名其妙的單戀，我們可能會因為我們的金星跟對方形成了一些莫名其妙的相位，因而不知道怎麼的喜歡上一個人，即使對方可能覺得這件事很困擾，甚至覺得很討厭、很受不了，但是我們還是會忍不住喜歡對方。

金星是一種引起我們感官樂趣的事物，它會喚起我們的情感，因此只要我們看到了，就會想要擁有。掌管金牛座的金星是一種很務實的土象能量，當我們因為金星喚起的情感而喜歡某個東西，它會因為我們喜歡，所以想要擁有這個東西；當我們因為金星被觸動而愛別人，它其實是我們喜歡自己愛別人的這種感覺，我們之所以想要擁有這個人，是因為擁有了這個人的話，我們的金星就可以得到滿足。因此金星可說跟他人無關，它純粹是為了要滿足自我。

當我們本命星圖的金星跟別人產生了相位，你有可能因為自己的金星跟他人的某個行星產生關聯，因而讓對方使你的內在情感得到滿足。例如當我們的金星跟別人的天王星出現相位，對方的一種獨特性，會滿足你自己金星中喜歡新奇的部分。也就是說，金星是星圖中，最能滿足我們自己的情感的一顆行星。

金星是一顆內行星，對我們來說，終其一生金星都很重要。因為它是一種最直接的感官喜好。包含我們愛吃什麼東西、我們喜歡的價值觀、我們覺得什麼東西美不美，這些都跟金星有最直接的關聯。一個男人或一個女人結了婚以後，他們可能心裡面還是喜歡某個日韓偶像或某個電影明星。絕大部分人迷戀偶像時，他們都知道自己一輩子不可能跟這個偶像在生活中產生情感關係，他們喜歡這個偶像，都並不是因為他們想跟這個偶像結婚——甚至他們也不見得會很想跟這個偶像上床。當然如果同時又有火星相位，他們也可能會摻雜著一點意淫的成分。但很多人喜歡偶像，就完全只是一種喜歡，甚至完全沒有幻想要跟對方上床。

這也意謂著金星就像我們偏好酸甜苦辣鹹一樣，它就是我們本能的感官喜好的一種需求。這種需求不會因為我們交了男女朋友或結婚，而有半點改變。但金星可以在我們的生命中，終身為我們帶來直接的感官喜悅。即使一個人交了男女朋友或結了婚，他的金星還是會動。我們的金星，絕對不會因此而不動，但是有人可能會壓抑自己的金星。因為在婚神星的一夫一妻制中，不太可能容許大家在婚後繼續追求自己金星的滿足。甚至有人才在男女朋友的階段，就已經不敢繼續追求金星的滿足了。但對有些人來說，即使是結了婚以後，金星的滿足與否，對他們來說，一直都還是很重要的事情。而這些差別，都牽涉到金星所在的位置，以及金星本身的相位，因而有所不同。

一個人勇於追求自己的金星情感，有時候會影響到他的婚姻，有時候不會。其中當事人本命星圖中婚神星狀況，會是一個很重要的指標。一個人的婚姻狀態是否可以長期維持，本命星圖中婚神星的狀態很重要。婚神星決定了一個人在婚姻中的處境，其中又以婚神星相位的影響力最為明顯。

從古代印度占星學合婚時對婚神星的看重，不難看出在現實生活中，婚神星對婚姻的實際影響。其實我們稍微動腦筋，用邏輯稍微想一想，如果我們是古代的印度占星師或是中國批八字的專家，當我們拿到需要合婚的星圖時，我們一定不會先去管他們的金星、火星，而是先看他們的婚神星。因為這樣才看得出這兩個人婚姻之路能否長久，他們結了婚之後會不會離婚。尤其以前合婚都以男方為主，所以一個占星師拿到一對男女的星圖時，首先一定會先看女方，看看女方的婚神星能否在結婚以後保持忠貞，以及女方是否願意在婚後全力配合男方。

不過依據古代占星師以婚神星來選適合的對象，也容易出現一個狀況：如果婚神星要的跟金星、火星差不多，他們可以說是婚姻關係中的少數幸運兒，但很多人婚神星要的跟金星、火星差距很大。古代的占星師當然會以婚神星的婚姻穩定為前提，金星、火星的情欲問題放兩邊。而且古代以男方為婚配主導的合婚邏輯中，一定優先選擇的是女方的金星、火星會被男方剋住，而男方的金星、火星不會被女方剋住的配對。如果有好幾個對象可以選擇的話，古代以占星學來篩選婚配對象，的確有其實務上的邏輯。

姑且不論婚神星，單就金星的愛欲與火星的性欲而言，其實也有的人金星、火星協調，有人金星、火星不和諧。金星、火星會引起我們的興趣，勾起我們的喜悅。本命星圖中金星、火星和諧的人，他們的喜好與性欲容易兼顧；金星跟火星不和諧的人，他們就會經常要面臨金星跟火星兩者當中，哪一個比較重要的選擇題。如果金星的表現較強，他們就會選擇金星，如果火星的表現較強，他們就會選擇火星。

一方面我們可以說金星、火星合相的人很幸運，因為他們金星的喜歡跟火星的性欲要的東西是一樣；但另一方面，我們也可以說金星、火星合相的人有可能很不幸，雖然他們談戀愛時很幸運，因為他們會挑選他們的金星喜歡的對象時，同時也會是他們的火星性欲想要的對象，但金星、火星如果合相，代表當事人向來情感跟性欲可以兩者兼顧，因此情欲的需求最強，但如果金星火星合相的人，金火又跟婚神星九十度或一百八十度形成剋相的話，他們的失落也會最大。

相較之下，金星、火星本來就九十度或一百八十度的人，即使他們的金星或火星跟婚神星的相位不好，他們的失落感都不會像金星、火星合相的人那麼強烈。原因在於，金星、火星原本就不和諧的人，他們本來在情感與性欲上就經常無法兩全，當他們遇到婚神星的不和諧時，根本不覺得有什麼大不了。因此當我們在看本命星圖的主要行星相位時，如果搭配婚神星一起看時，本命星圖的解讀可能就不見得會完全一樣了。

有的人在本命星圖中，金星、火星有很複雜的相位，這種人如果完全從自己的本能出發的話，他們就會過著很複雜的情感生活。但這種人如果婚神星相位不錯的話，他們結婚以後，反而容易依循婚神星的邏輯過日子，儘管這樣會造成他們的金星、火星會受到比較大的壓制。當金星、火星相位複雜的人遇到了行運土星、冥王星時，儘管他們一定會在那段時間遇到一些實際的事件，讓他們情感上起一些波瀾，但是如果他們的婚神星相對穩定的話，他們會比較願意好好的去解決問題。

而如果一個人婚神星的位置很不利的話，他們會很容易在婚姻生活中出問題，如果這個人剛好金星、火星相位還不錯，他們想要好好的解決婚姻中問題的意願，就會相對比較低。因為他們單身時情感生活還不錯，所以他們會覺得離婚、恢復單身，其實也沒有什麼不好。

當一個人婚神星的相位不好，他們很容易遇到的問題，就是害怕被遺棄、害怕被背叛，也容易遇到婚姻生活中的性欲困難，以及婚姻生活中跟金錢、權力、金錢有關的衝突。但即使如此，如果當事人本身的金星相位就不好的話，他們在一生中其實一直會遇到這類的問題，而不只是結婚才會遇到，因此他們遇到問題時不會先把離婚當成優先選項，而比較願意留在婚姻中好好面對這些問題。

金星、火星的情感風暴

如果一個人的金星、火星相位不好，而婚神星的相位相對來說還可以的話，當他們遇到行運帶來的金星、火星剋相時，他們可能會像是在演一場獨角戲一般，他們的先生或太太搞不好根本不知道他們經歷了一場情感風暴。他們遇到的一些情感問題，純屬他們自己的問題，而不是婚姻中兩個人的共同問題。

如果一個人金星、火星相位複雜，他們可能即使結婚，都在感情方面跟其他人不清不楚，但如果他們的婚神星相位很漂亮的話，他們很可能婚姻生活照樣很平順，甚至另一半完全不知道他們有這些問題。原因在於金星跟火星都是很私人的事，如果一個人婚神星相位不錯，他們就算金星、火星有什麼個人需求，其實也未必需要告知或與另一半分享，而另一半也未必會察覺。但如果一個人婚神星相位不好，他們只要在婚姻中出什麼狀況，一定兩個人都會知道。

舉例來說，我認識一對男同志伴侶，他們住在一起已經十幾年，一切生活作息跟異性戀夫妻沒兩樣，純粹是因為同志婚姻還沒有合法化才沒有正式婚約，所以同樣屬於婚神星掌管的領域。其中一個人在行運冥王星跟本命金星出現剋相時，喜歡上了別人。由於這個人婚神星相位不錯，所以儘管他喜歡上了別人，但他的另一半卻根本沒感覺到有什麼不同。對於婚神星相位穩定的人來說，即使他們遇到了金星、火星相位的行運剋相，他們的內在情感或許會因此產生波瀾，但是對他們的另一半來說，實際上的婚姻生活中，兩個人相處的方式其實根本就沒什麼改變。

如果我們可以用真的非常客觀的態度，來看婚姻中金星、火星造成的外遇，我們會發現，我們害怕的並不是對方的金星、火星的出軌，而是擔心我們的婚神星的既有婚姻生活必須因此改變，尤其是擔心兩個人的共有財產、共有的家，兩人共有的一切事物會因此出現很大的變化。也會擔心如果出現了這些變化，那麼雙方是不是得要把原先可以一切共享的事物，全部都一一釐清。

從這邊我們也可以看出，其實一對夫妻在一起之後，另一半的金星、火星跟自己根本沒什麼關係，因為另一半的金星、火星是他們自己的感受，而不是你的感受。另一半如果又跟別人發生情感關係，的確也會影響到我們。但是影響到的卻不是我們的情感，而是影響到我們跟另一半相處的模式、相處的規律，影響到我們跟另一半相處的關係。

如果你是一個很小心眼的人的話，你可能甚至會想，原先先生的薪水是我們兩個人在用，結果先生在外頭偷交女朋友，不管是偷偷請對方吃飯，或者是偷偷送對方禮物，都損害了原先兩個人原先應有的共同財產——你擔心的全部不是跟感情有關的事情，而都是在擔心夫妻之間共有相關的事物，包括了共有的金錢、共有的生活，以及兩個人共有的情感。

當婚姻生活中遇到了另一半的外遇背叛，你會覺得兩個人共有的情感受到傷害，但是共有的情感受到傷害，跟對方當下的真正情感狀態其實無關。大家只要想像一下就不能得知，當你活到三四十歲，難道每一次你的金星、火星心動時，你的男女朋友或先生太太都會知道嗎？這是不可能的，除非你真的因為心動而大動作的做了很多事。

嚴格來說，我們金星的樂趣，其實跟別人無關。我們可能會暗戀某個人，多年來樂在其中，根本不需要真的跟對方表白。

當然我們也會喜歡別人喜歡我們的感覺，但是這種感覺叫做虛榮，它不叫金星。當我們聽到別人告訴我們說，某某人偷偷的暗戀你兩年了，你聽了以後可能會覺得有點爽，可是你不會真的就感覺到這份愛。我們最多會因為這件事情感到虛榮，但是既然對方是暗戀，所以他的愛根本不會跟我們有什麼真的關聯。

雖然大家會說「我愛你」，但是金星的愛，其實很難真的給對方。除非是我愛你，你也愛我，我們的快樂會建立在我愛你時，你也願意被我愛的快樂中。

我們常在流行歌曲裡面常聽到，寧可愛人而痛苦，也不要被愛而幸福。原因在於人家愛我們是人家的事，我們很難因此就變得幸福。金星是我們自己的本能，它從來不能靠別人愛你而得到滿足。大家不妨回想一下，談戀愛很愉快，是因為你愛他的時候心情很好。如果你愛他，他也愛你的話，因為對方也愛你，所以願意讓你不斷的去愛他，因此你可以因為不斷的愛他而不斷的感到愉快。談戀愛的樂趣，其實在於你可以不斷的去愛一個人，讓你的金星不斷的得到滿足。至於他愛你的部分，除了讓你愛他之外，其他的部分其實跟你無關。當你不愛他的時候，他愛你其實會讓你很痛苦。

但月亮的關係就不同了。當我們跟別人形成了月亮的相位關係時，我們會覺得被人關愛、被人照顧，所以母子之間的親情，其實重點在於照顧、關愛的親情，而不是喜歡——大部分的小孩喜歡的是被母親照顧，而不是母親的愛，因為對小孩來說，母愛實在很煩。雖然的確有的父母除了月亮的親情之外，也對小孩有金星的喜歡，但一天到晚看著小孩樂樂的，小孩也沒有什麼好高興的。

也就是說，其實所有人的愛對我們都不重要，除非我們愛他們。金星的愛是如此，火星的性欲更是如此。如果兩個人沒有火星的對應關係，卻硬上了床，這樣豈不是變成了性侵害？

不管是男生女生，如果你跟另一個人沒有金星、火星關係，聽到對方竟然想跟自己上床，不都會覺得這簡直不可忍受？這是因為你的火星是你的火星，他的火星是他的火星，如果你的火星對他毫無興趣，他的火星卻想跟你上床，你的火星就會覺得被侵犯了。

金星、火星都是你自己的事，千萬不能以為你的金星、火星心動了，對方就同樣會有什麼感覺。金星、火星並不是影響人際緣分最重要的因素，金星、火星的需求，其實找妓女或找一夜情就可以被滿足。但月亮或婚神星都不可能是一夜情——大家有聽過一夜情，但從來沒有聽過一夜媽或一夜妻吧？

婚神星的人間道場

婚神星的雙修雖然奠基於性的結合，但是卻跟金星、火星的情欲本能無關，婚神星不管是透過金錢，或者身體的性，或者精神甚至靈魂的連結，當兩個人可以一起，而且同步合而為一、不分你我時，透過婚神星的雙修，兩個人可以形成一種宛如煉金術的連結。它有一點像是電影《達文西密碼》中的密教儀式場景：兩個人透過性交的結合，達到靈性提升的目的。但婚神星的雙修又略有不同。婚神星的雙修不會是跟陌生人——你跟陌生人之間本來就沒有糾葛，又怎麼談得上雙修？在婚神星的雙修中，你跟你的伴侶有很深的性的糾葛，你在這樣的關係中，達到了宇宙合一的一體感，卻沒有金星、火星的欲望，也沒有情感的依戀。金星、火星的性連結，其實都是個人的我執，在婚神星的宇宙一體感中，你可以發現，你跟一個人可以如此和諧，而沒有色心與情感依戀的雜質。

婚神星的雙修中，「性」只是一個象徵。但在現實生活中，大家往往會因為其他的連結、合一都做不到，唯有性的連結是最簡單明瞭的部分。

真正的婚神星雙修中，性的連結與靈魂的連結是並存的。只是靈魂的連結我們看不到，而性的肉體連結很具體。金星、火星的性連結，可以帶來肉體的高潮，但婚神星的靈魂連結帶來的不是肉體高潮，它是另一個境界。它帶來的並不是肉體的高潮，但在婚神星的深刻連結的瞬間，它能讓人感受到身心的全然放鬆。

婚神星的最高境界

婚神星的最高境界是靈魂的連結。當我們跟他人之間沒有我執、沒有個人的情感依戀、沒有個人的性欲時，因而達成了一個完全均衡的能量，也就是陰與陽完全協調，你本身就已經成為了太極，這個時候，你就可以參透宇宙創造的本質。太極，其實也就是陰與陽的所有宇宙雙生的象徵。

雖然這恐怕是沒有人可以做得到的境界，但是不表示這個理論本身沒有意義。占星學探討的幾顆重要的小行星，探討的都是人與人之間很深入的親密關係。

其中包括莉莉絲（Lilith）。在古代希伯來神話中，亞當的第一個太太並不是夏娃，而是莉莉絲。從莉莉絲跟夏娃的神話故事中，我們可以看到關於人類起源的創世神話中，最早的神話與後起神話的有趣差異。在古老版本的創世神話中，上帝用土捏了一個亞當，又捏了一個莉莉絲，兩個人是各自獨立的個體。可是莉莉絲跟亞當處不來，而且也不打算屈從、依附於亞當之下，於是莉莉絲就離開了伊甸園——所以莉莉絲可說是人類神話中第一個離婚的太太，而且是她主動離家出走，把老公給休了。莉莉絲走了之後，上帝覺得亞當很可憐，所以取了一根亞當的肋骨，用它做出了夏娃。

夏娃之所以被創造出來，就是為了要成為服從亞當的妻子。也因此，後來很多女性運動者，都會視莉莉絲為女性運動的符碼。莉莉絲代表的是女性的第一個原型，這個原型要說明的是女性可以獨立自主，可以從婚姻中出走。莉莉絲離開了婚姻之後，她就恢復單身，此後跟另一半各不相干，從一個人星圖中莉莉絲的位置，可以看出一個人會不會很不喜歡結婚。

而女性的第二個原型是婚神星朱諾，朱諾跟夏娃是不同的，因為跟朱庇特結婚，是朱諾自己下的決定，但下了這個決定之後，因為她想要婚姻，所以朱諾就承受了莉莉絲沒有承受過的婚姻之苦。但朱諾受的婚姻之苦，目的在於她要建立一個可能性——婚神星並不是一個終點。

婚神星意謂著一種靈魂合一的可能性。莉莉絲雖然因為遠離婚姻而少吃了很多婚姻的苦頭，但也因此，莉莉絲永遠不可能達到占星奧義中婚神星陰陽合一的境界——儘管神話中朱諾也並沒有真的做到。

靈魂伴侶的渴求

小行星中還有兩種有別於以上所提的情感，就是靈神星賽姬（Psyche）跟愛神星埃羅斯（Eros，即羅馬神話中的愛神邱比特，Cupid）。在占星學中，唯有透過婚神星的洗禮，才能夠完成靈神星與愛神星的功課。因為透過婚神星的試煉，我們才能夠回到人類關係中最初、最美好的伊甸園，找到自己的靈魂伴侶。靈神星賽姬與愛神星埃羅斯，這兩顆星就是靈魂伴侶。

我們在千百世輪迴中，不斷的在婚姻中尋尋覓覓，就是希望有一天可以遇到真正的靈魂伴侶。雖然結了婚不見得就遇得到靈魂伴侶，但如果不結婚，就絕對無法確知對方是不是你真正的靈魂伴侶。

人類之所以對靈魂伴侶有強烈的渴求，原因就在於人類從被伊甸園放逐到地球之前，每個人都會有他的靈魂伴侶。靈魂伴侶可以滿足兩種人類最深的情感需求：就是埃羅斯的愛欲與賽姬的心有靈犀。

並不是說你的愛欲與心有靈犀就是靈魂伴侶，而是透過婚神星的婚姻關係，你可以從中練習或從中尋找要如何跟人真正的產生愛欲，真正的跟人心有靈犀。靈神星的心電感應，是透過婚神星的深刻關係，而跟他人之間達到超越心智、言語的互相理解。

一個人跟你能夠心有靈犀，跟這個人是個靈媒或上師，這個人本身具有心電感應的能力是兩回事。靈神星的心電感應跟智神星的心智溝通不同。

我們常會發現，一對感情很好的情侶，或是一對默契十足的夫妻，他們之間會具有心電感應的能力。靈神星的境界，並不只是你們偶爾會有心電感應的剎那，而是你們兩個人彼此是心有靈犀的靈魂伴侶。

很多雙胞胎有心電感應的能力，因此雙胞胎或許可以算是某種程度上的靈魂伴侶，但除非這對雙胞胎亂倫，否則雙胞胎就算能心電感應，他們還是缺乏了愛神星與靈神星之間的愛欲結合。而夫妻關係，兩個人一天到晚在一起，這就是讓我們跟另一個人學習發展心電感應的好機會。

愛神星的愛欲，也跟金星、火星的情感與性欲不同。金星與火星滿足的是我們肉體的情感與性欲，但愛神星滿足的是我們靈魂的情欲。它只能意會，難以言傳。大家雖然很難完全了解，但也不會完全不了解。雖然它不像金星、火星這麼直接、明瞭，但我們在一生中，在少數人身上，在少數的剎那間，你一定會懞懞懂懂的感覺到它的存在。事實上，在情感關係中，如果對方讓你心動的是金星、火星，你們就已經稱不上是靈魂伴侶的關係了。

一對真的把婚神星功課做得很好的夫妻，他們在一定程度上具備了將愛欲與心靈相犀結合的能力，但問題是在希臘神話中，朱庇特與朱諾這對夫妻，正是因為沒辦法真的做到心有靈犀，所以最後依然並沒有真正合而為一，成為真正的靈魂伴侶。這也意謂著我們在千百劫輪迴中，不斷的結婚，也不斷的依然還沒學完婚神星的課題。不過既然這只是一個境界，連神話人物都還無法做到，對凡夫俗子如我們，它更已經超過了我們在輪迴中應有的課題難度。

我們都希望能夠找到靈魂伴侶，儘管連神都做不到。在占星學的奧義中，婚姻的設計，是讓我們藉由跟他人的緊密連結，因而能夠了解到身而為人會有的所有缺點，藉由婚姻的道場，讓我們有機會練習跟人心有靈犀。

婚神星的複雜課程

占星學的巧妙，就在於星圖曼陀羅有如不斷流轉的法輪，前一個星座的難題，往往可以從後一個星座中求得解答。當掌管天蠍座的婚神星遇到難題，解決之道就在於天蠍的下一個星座，人馬。如果撇開婚神星難以企及的最高境界，在現實生活中，如果一個人因為婚神星而在婚姻中飽嘗婚姻之苦，應該要怎麼才能解脫？其實只要學會一個人馬課題就可以了，它就是「離開」。離開雖然並不是生命中的最高智慧，但是對一個在婚姻中痛苦得不得了的先生或太太來說，只要能夠下定決心，拿起包包起身離開，至少就不會繼續那麼痛苦了。

金星、火星不足以教我們理解複雜的人際關係，月亮也一樣。如果一個人一輩子到老都住在家裡，只跟父母有比較深的關係的話，這種人其實會很天真，他們不會真的了解人與人之間的複雜。

從婚神星掌管的天蠍與智神星掌管的天秤，將這兩個星座做個比較，天秤也不像天蠍這麼能理解複雜的人際關係。原因在於天秤座雖然很注重人際關係，但他們只要遇到比較複雜的人際關係時，他們就容易處理得很糟。因為他們太注重理性，他們想要將人際關係透過心智合理安排，但人與人之間的關係，大半牽涉到的是情緒的非理性的層面，它們既不合情合理，也沒辦法以公不公平來論斷。

天秤跟天蠍最大的不同，在於天秤永遠注重的是一對一的公平對等，天秤是一種夥伴關係。所以大家會發現，本命星圖的第七宮（也被稱為天秤宮），與其說它是婚姻宮，它其實更是商業夥伴之宮。而第八宮（也被稱為天蠍宮）則不會是商業夥伴宮。因為商業夥伴講求的是一對一的公平原則，在七宮範圍內，權利義務是否公平很重要。這在商業夥伴中行得通，而且商業的合作，本來就應該秉持著公平理性，才能走得長遠。智神星的關係頂多算是同居室友，同居室友多半連水電費都要分得清清楚楚，結了婚以後，誰敢跟先生、太太計較水電費？

但婚神星以及它掌管的八宮與天蠍座，從頭到尾探討都是「我們」的議題，它從頭到尾都是一個不能切割的整體，它並不是兩個個體組成的一對一關係。所以婚神星的關係本身就是一個容易有麻煩的關係，因為它沒有準則。婚神星是「我們」的關係，在這個關係中，我可能會對不起你，你有時候可能得吃點虧。也因為它沒有公不公平這回事，因此可能我們在婚神星的關係中會感到很痛苦——為什麼你跑去外頭偷吃而我沒有，為什麼都是我在賺錢你不必？因此一個人婚姻幸不幸福，並不能只看七宮來決定，八宮對於婚姻的影響其實更大。

婚神星的最高境界，就是靈神星與愛神星結合，兩個人藉由婚姻的深度連結，從失樂園的狀態重回伊甸園。它可以讓人領悟人與人之間的太極和諧狀態，它是我們千百回輪迴中很高的任務。

婚神星透過不管是一男一女或是同志，都是透過自己身上的所有的陽性與對方身上所有的陰性，以及透過自己身上的所有的陽性，與對方身上所有的陰性，一起回歸太極的宇宙陰陽和諧。

所謂的陰陽和諧，就是在經歷過自己所有的金星、火星、月亮、太陽等等，所有個人的盤算之後，在進入了婚神星領域之後，我們不再只為自己而活。道理就是這麼簡單，只是沒有人可以做到。

婚神星的課題，就是當我們跟他人結合成一體之後，我們就沒有個人的私心了。但這又不同於海王星的無私奉獻，因為海王星已經離開了整個輪迴。婚神星的無私，在於你真的可以為一個你愛的人，你的靈魂伴侶，因而可以超越個人的盤算，不會再去計較誰賺比較多錢，怎麼樣才會對自己比較有利，不會再去計較對方是否最近對自己不夠好。在婚姻當中，所有你的盤算、你對別人的不信任，或你害怕被背叛、害怕被人佔了便宜，有多少婚姻失敗的問題，是因為婚姻的根基底下，缺乏對於對方的信任？婚神星的最高境界，就是真正的愛。

婚神星的複雜，在於它並不是為了這輩子在婚姻中吃了大虧，下輩子結婚時就要學著更精明點、更小心點。因為婚姻的本質是兩個人的共同學習，它要學的是為婚姻著想，而不是為個人著想。

所有天蠍、八宮很強，或者有很強的冥王星相位的人，如果缺乏人馬、寶瓶、雙魚的協助，他們的生命會比較痛苦。但這並不意謂著他們不是好人。當然，如果他們選擇不婚的話，的確可以比較不那麼痛苦，但他們的生命中也會因此而感到遺憾。他們之所以痛苦，原因在於他們比其他人更在乎深刻的關係。

不見得每個人在婚姻關係中，都會因為在乎深刻關係而痛苦。例如牡羊，他們結婚後，受苦的往往是他們的另一半，他們自己並沒有在受什麼苦。我認識很多牡羊，他們結了婚以後依然在外頭花天酒地，而他們私下告訴我，其實如果太太也偷偷在外頭花天酒地，只要不要太離譜，他們也可以睜一隻眼、閉一隻眼，因為牡羊的價值觀在於注重自我本能，他們並不那麼在乎婚姻的聯盟，因此佔有欲也不會太強。

婚姻關係中上演了數不清的戲碼，它們絕對不能單純的以好壞論斷。牡羊這種自由自在的婚姻，不見得一定比天蠍吵鬧糾葛的婚姻要來得好。但是天蠍型佔有欲強的婚姻，一定會比牡羊型的婚姻來得痛苦。誰比較在乎，誰就會比較痛苦。我們甚至不能因為他們比較痛苦，就認定他們的婚姻狀況一定比較不好。他們甚至有可能婚姻狀況比很多人都好，但他們很可能比較神經質，只要婚姻中出現了一些問題，他們就會很敏感的察覺，而且會因為執著而感到痛苦。

婚神星的無私真愛，比海王星的大愛更難。因為大愛的無私不難做到，大家捐錢給南亞海嘯或四川震災時，沒有人會希望得到回報。可是有時候我們不過是幫先生放個熱水澡，心裡都期待對方要有所回報。

大家在付出海王星大愛時，本來就不求回報。但是我們在跟他人的深刻親密關係中，我們會算計，我們會想求回報，我們是不信任對方的，我們是為己的。

其實所有的個人情感關係中，不管是月亮、金星、火星，我們都在為自己著想。而到了婚神星時，我們開始要學習不為自己著想，但這實在太困難了。婚姻關係最困難的地方，在於為自己著想也沒用。婚神星會讓很多人痛苦，原因是為自己著想這件事，在婚姻生活中往往會被破壞。因為婚姻中替自己想好的事情，對方不配合也是枉然。到了最後不但不算數，常常還很可能反而弄巧成拙，在婚姻中吃了大虧。

Chapter/3

從婚神星重新認識天蠍座

占星學的精巧，在於星座、宮位、行星之間環環相扣，每一個環節都正反相生相剋，精準無比。

星座、宮位、行星宛如雙螺旋一般，內行星從火星掌管的牡羊座與一宮開始，依序進入金星掌管的金牛座與二宮、水星掌管的雙子座與三宮、月亮掌管的巨蟹座與四宮，走到太陽掌管的獅子座與五宮，個人自我意識在此首度完整。

之後進入灶神星與穀神星共同掌管的處女座與六宮，灶神星專心致力於自我提升，穀神星藉由照顧他人來證明自我，讓自我上一層樓，因而能夠更順利的進入下一個階段：由智神星掌管的天秤座與七宮。智神星、天秤座與七宮，探討兩個對等個體的理性結盟，它首次由「我」，進入了「你」和「我」，從這個階段開始，人類從小我的自我領域，開始逐步邁向大我。

但智神星以及它掌管的天秤座與七宮，都還是理性可以商量的範圍，到了婚神星與冥王星、八宮的範疇，就進入了最糾葛的貪嗔癡慢疑的人性道場。在婚神星之後，就屬於木星與其掌管的人馬、九宮的社會領域，因此婚神星可說是我們與他人之間人際經驗的總結。

婚神星與冥王星

在深度占星學中，天蠍座歸婚神星與冥王星共同掌管。婚神星跟冥王星具有很類似的本質，但是又各自有著不同的面向。所以我推測，婚神星跟冥王星原本應該是同一個星球，或者原先應該要形成一個完整的星球，卻沒有真正成形。冥王星是它的主體，而婚神星是被主體分出來的一個較小的部分，因此冥王星具有很強大的隱藏力量，而婚神星的力量則比較侷限於小我的嫉妒與傷害。舉個簡單的例子：婚神星跟核子彈毫無關係，但冥王星跟核子彈關聯非常大。

雖然天蠍座歸婚神星與冥王星共同掌管，但是婚神星天蠍跟冥王星天蠍又有一些不同。凡是特別相信一夫一妻制、特別擁護婚姻，也特別在婚姻中容易遇到性壓抑問題的，都屬於婚神星型的天蠍。冥王星型天蠍則容易反映在對於權力、金錢與神祕事物的熱衷上，冥王星天蠍也跟隱藏的事物跟礦產有關，而婚神星跟神祕、隱藏事物的關聯性很低，由此可見，冥王星的能量，會比婚神星來得更為深沈。

一個人的本命星圖中，如果有重要行星落在天蠍，但是並沒有很強的冥王星相位的話，當事人的整個生命課題，會比較集中於婚神星朱諾神話顯示的婚姻問題上，但如果當事人還有很強的冥王星相位，藉由冥王星相位的力量，會牽引當事人跟他人產生更多跟天蠍座主題有關的其他課題。例如一個人的金星跟冥王星有相位，他們會對大公司、大財團感興趣。

所以一個天蠍座很強的人，如果他很關心大財團、大錢、大權時，在他們的天蠍座原型中，一定有很強的冥王星能量。當一個天蠍座的人冥王星能量越強，他們對於婚神星議題就越不會那麼在乎。婚神星代表在婚姻中，所有跟「我們」有關的議題，冥王星也是「我們」，但冥王星的「我們」，範圍可以大到跟全人類都有關。

冥王星跟人類的集體潛意識有關。很多天蠍座都對心理學有興趣，但不是所有的天蠍座的人都對心理學有興趣，而其中凡是對心理學、精神分析特別有興趣的天蠍座，代表他們的天蠍座能量主要用於冥王星的潛意識研究，他們的婚神星問題也會比較不那麼嚴重。因為這些人已經超越了婚神星在婚姻中小我的「我們」，他們比較能夠從人類整體的觀點，來觀察「我們」的議題。比起人類整體的貪嗔癡慢疑來說，婚姻中一夫一妻的貪嗔癡問題，其實也就沒有那麼嚴重了。

不同性別也會對一個人如何展現天蠍座能量，具有不同的影響。對於天蠍座男性來說，他們比較容易發揮的能量是冥王星，而非婚神星。

並不是說男性不會受到婚神星影響，也不是說男性在婚姻中不會出問題——為了婚姻不順而潑硫酸、砍人的丈夫所在多有，但是婚神星對男性的影響力相對較低，而女性因為婚姻問題而歇斯底里的比例則高很多。原因在於在朱庇特與朱諾的神話中，男性本來被設計來扮演的就不是婚神星朱諾。婚神星朱諾畢竟是女神，因此婚神星對女性的影響會比男性大，女性在一夫一妻制中，受到的壓力也比較大。在婚姻的問題中，天蠍座女性比較容易反映在報復與歇斯底里的面向上，而天蠍座男性則容易反映成家庭暴力的施暴者。

所有具有較強婚神星天蠍座原型的人，從心理學的觀點來看，都應該要注意下列問題：他們過分容易有害怕被遺棄、被背叛的議題。而所有具有較強冥王星天蠍座原型的人則相反，相較於害怕被遺棄，他們常會控制欲過強，相較於害怕被背叛，他們容易喜歡刺探別人。

冥王星天蠍之所以喜歡調查、研究，其實還是始於天蠍座原型中擔心被遺棄、背叛的議題，但是當從中學到超越的功課時，就會發現，與其一天到晚調查自己的另一半是不是在外頭拈花惹草，不如乾脆去調查其他更深一點的東西。

天蠍座喜歡調查的起始點，固然在於想要挖出另一半外遇的蛛絲軌跡，是一個小我的「我們」課題，可是調查來調查去，實在也很乏味——更何況查了半天，可能結果先生根本就沒有外遇。所以就會開始想要調查大我的更深層課題，想要開始探討人類深層的精神分析、集體潛意識這類的學問。

在天蠍座的小我課題中，還有一個大問題，它會使人恐懼性的本身。天蠍座很強的人在成長的過程中，往往有跟性有關的不愉快經驗，不管是強暴或虐待，直接或間接。

性是我們可以跟他人之間產生的一種很深入的連結，對於性的恐懼，也意謂著當事人害怕跟他人建立起非常深入的連結。如果一個人可以從婚神星型的天蠍座原型，轉化為冥王星型的天蠍座原型，也就意謂著當事人可以將自己對於性的恐懼，提升為對性感到興趣，甚至不只是對性的本身，還涵括其他跟性有關的各種事物，進而成為這個領域的研究者。

我們不要先入為主的認為天蠍座一定很強勢。如果仔細觀察的話，大家會發現，其實脆弱的天蠍也很多。負面的婚神星型天蠍，不管是曾經有被強暴、性侵的痛苦經歷，或者曾經在婚姻中遭受家暴、虐待，或被先生冷落，這些天蠍都容易讓人察覺到有一種他們有一種自覺無能的感覺。而負面的冥王星型的天蠍則相反，他們反而常常會以過度的權力欲，來抵禦無能的感覺。

太陽天蠍的人未必權力欲很強，他們也可能會是權力欲內收，或是權力欲壓抑的人。但如果一個人太陽跟冥王星九十度，則一定會有權力欲過強的問題。

冥王星跟權力有直接關聯，但天蠍座，尤其是婚神星型的天蠍，則未必會跟權力欲有關。以月亮天蠍為例，很多月亮天蠍的人未必會在情緒上很強勢，但一個月亮跟冥王星有九十度或一百八十度剋相的人，他們一定會在情緒上，有其非常強勢的一面。

在占星學不同的課程中，大家零零碎碎的學了很多知識，但未必具備整合的功力。每一張星圖中，都有很多聲音在跟我們說話，但這些聲音不是噪音，它是一首交響樂。交響樂中的各個聲音並不是只顧自己、你爭我奪的發出聲音，隨著越學越多，你就會開始聽得出星圖中交響樂的美妙，甚至可能聽得出音樂中各種細緻的變化，而大多數人頂多聽得出現在主奏的是什麼樂器，就已經算是很厲害了。

當一個人星圖中，有很多天蠍時，如果還有其他天王星、海王星、木星，甚至也包含土星的和諧相位，當事人都會好過很多。因為這些都會幫助當事人跨越冥王星、天蠍、八宮的死亡幽谷。一個天蠍很強的人，如果本命星圖中又有不少土星或冥王星的九十度、一百八十度負面相位，跟現實有關的土星、冥王星，當然會讓他的日子不好過。但一個天蠍或八宮很強的人，如果星圖中有很多木星、天王星、海王星負面相位，情況則比較微妙，他們可能會出很多問題，讓身邊的人日子很不好過，但他們自己不見得日子不好過。因為木星、天王星、海王星即使是負面相位，都有助於降低天蠍、八宮、冥王星的執著，但是他們可能會忙著演出月亮海王星九十或金星天王星一百八的負面情節，製造出很多問題，因此反而不會經常痛苦的面對天蠍、八宮、冥王星的生命主題。也因此負面相位不容易為他們帶來轉化，因為他們沒有轉化的需求。

婚神星、冥王星與天蠍、八宮的愛恨糾纏

在歷史上，婚神星朱諾出現的時間其實比朱庇特，也就是希臘神話中的宙斯更早。羅馬神話中的朱諾，就是希臘神話中的天后希拉，而且可以再往前推，從更早的古文明神話中發現她的身影。

在希臘神話中，希拉（Hera）就是「英雄」（Hero）的女性版，她是力量很大的天空女神，也是生殖女神、死亡女神——死亡跟生殖本來就是一體的，有生才有死，有死才有生。朱諾的代表物之一是石榴，可能有人會記得，在另一個神話中，大地女神瑟瑞斯（Ceres，即希臘神話中的狄蜜特[Demeter]）的女兒泊瑟芬（Persephone）被冥王搶走，由於瑟瑞斯無心工作而大地荒蕪，於是宙斯出面調停，想讓泊瑟芬重返人間，條件是她不能吃過任何陰間的東西。但由於泊瑟芬吃了幾顆石榴籽，因此每年只有春夏可

以回到人間，秋冬則需留在地府。

遠古神話中的生殖、死亡女神，到了希臘時代更成為了婚姻女神。一般的占星學中，七宮常被視為婚姻宮，但事實上掌管天秤座與七宮的智神星雅典娜根本終身未婚。天秤座熱衷的是伴侶關係，但如果身邊天秤座朋友很多的人，就會發現，天秤座結了婚之後，還是一天到晚出門找朋友玩。天秤座在乎的是夥伴關係而非婚姻，很多天秤座婚前很容易會跟他們的戀愛對象形影不離，可是一結婚就完了，因為他們不喜歡婚姻。我發現天秤座最喜歡跟朋友說，等到大家老了以後，最好大家一起蓋個房子、住在一起。大家可能也常會發現，很多溫順和善的天秤座結了婚以後，他們下了班喜歡找朋友交際，或者老是賴在辦公室裡不想回家。

這絕對是內行人才知道的事情：天秤座喜歡跟別人建立伴侶關係，但他們不喜歡婚姻。但天蠍座、八宮很強，或者冥王星有重要相位的人則不同，不管是對婚姻或家庭，他們會對具有「我們」的資源共享關係非常忠貞。

天蠍會對婚姻、家庭非常忠貞、非常執著，但天秤不會。很多天秤座結婚之後，另一半偷偷在外頭搞七捻三，他們常常會睜一隻眼、閉一隻眼，表面上看起來他們像是吃了虧，事實上原因在於他們其實也沒有那麼在乎。天蠍不同。如果跟天蠍結了婚還去外面偷吃，天蠍絕對會大抓狂，因為婚姻是他們的唯一。這也是天蠍座或冥王星相位很強的人最善妒的原因，大家可從婚神星神話洞察這個現象的心理背景。

希拉在希臘文明之前，主要是以死亡女神以及生殖女神的形象出現。從希臘時代開始，她成為了婚姻女神，守護一夫一妻制合法婚姻下的所有權利。希拉其實是宙斯的親姊姊，從她因為被宙斯強暴而嫁給宙斯的神話中，顯現出遠古人類不可避免的亂倫交配。為了確保繼承權的血統，例如埃及等很多王室，他們都以血親通婚作為手段。因此天蠍座與婚神星的負面相位，會跟性侵害、亂倫有關。

在星圖中，土星與冥王星是特別與現世有關的業力星。月亮、海王星、土星、冥王星都跟輪迴有關但土星、冥王星的業力特別會在現世實現，月亮、海王星則未必。

土星、冥王星的現世業力，並不只限於人際關係上，它們有各式各樣的不同可能性，例如它們也跟遺傳性疾病有關。相較之下，海王星的疾病傾向與感染有關，海王星可能是一種細菌——誰知道是從宇宙哪個地方，因為什麼原因掉到地球，結果莫名其妙讓一堆人生病。這種感染就跟遺傳性疾病不同。細菌感染其實不見得百分之百一定碰得到，即使是易於感染的體質，或許在那段期間刻意減少外出，特別注重衛生的話，它的確有機會可以避得開。但遺傳性疾病不同。在星圖中，土星跟身體的老化，以及相關的身體病變有關；冥王星則常與癌症有關。天王星、海王星也會造成疾病，但感染或意外而得的病則與業報不見得有關。

其中又以天王星格外明顯。天王星的意外是可以防範的。如果本命星圖中有天王星的剋相，占星時常會依據宮位或行運狀況的不同，勸告當事人不要自己開車，或者某段期間內不宜出國，如果願意遵守的話，這些意外是可以防範得了的。但你不可能跟一個人講說，只要你怎麼樣怎麼樣，就不會得乳癌或就不會得某些遺傳性疾病，因為這些都是跟基因有關，都是來自於繼承的疾病。

也就是說，土星、冥王星的業力，都代表了受到輪迴業力而影響到的這一世命運。從土星（摩羯座）與冥王星、婚神星（天蠍座）中，我們可以看出輪迴業力中兩大類的重要關係。前者沒有血親關係，後者有血親關係。所有跟土星有關的關係，都跟血親無關，但是都跟利益、權威有重大關聯，如果你跟一個人在星圖中有重要的土星相位，可能你們在過去世有很重要的利益、權威關係，或許是師生、主僕，或類似的關係，前一世你們在重要的權力關係中產生了很大的不平衡，所以必須藉由這一世的互動，來償還過去世在利益、權威上過度不平衡的狀態。

我們也可以以一個人的太陽落在天蠍或摩羯為例，來比較冥王星（掌管天蠍座）與土星（掌管摩羯座）的差異。當一個人的太陽落在摩羯時，不管當事人是男性或女性，他們從小都會被父親管得很厲害。原因在於他們之間在過去世有很強烈的土星權威不平衡狀態，因此這一世他們必須透過跟權威有關的課題來平衡。但土星的負面相位造成的或許是憎恨、不滿、害怕、恐懼，但它不會造成又愛又恨的關係。因為對方跟你沒有宿世血親關係。土星或摩羯就像是雙方具有累世的債務關係，但它不像冥王星或天蠍欠的是感情債。

天蠍原型能量的不同層次

很多太陽天蠍的人都對父親很孝順，太陽天蠍的女性尤其如此。太陽天蠍的我也算是其中之一，只要遇到了什麼好吃、好玩的事，我總是會先想到我父親。但嚴格來說，

「孝順」這個詞並不夠精確，「孝順」聽起來像是一種責任或景仰——我很清楚我的雙子座父親其實缺點很多——天蠍座的孝順是一種很本能的連結，它沒有道理可言。如果單純以這輩子而論，我的父親並不屬於我會欣賞的類型，所以我並不是因為欣賞他而對他好，而是一種在記憶深處，甚至超越這一世，是一種跟前世緣分帶來的深刻連結。

天蠍具有跟祖先、部族相連的特質，它跟家族的傳承有關。所有太陽天蠍的人，不分男女，他們都跟父親有很深的緣分。

天蠍座具有很明顯的三種高低層次的能量展現：地上的蠍子、空中的老鷹，以及浴火重生的火鳳凰。其實從牡羊到天秤，這些星座也都有高低層次的差別，但是這些星座層次的高低並不會這麼明顯。我們在生活中有機會遇到很好的牡羊座，也有可能會見識到發展層次很低的牡羊，但不管是好牡羊，或者壞牡羊都不脫牡羊座的基本樣貌。再好的牡羊，都還是會有一點自我中心的問題，再壞的牡羊，也都還是會有一點牡羊特有的熱情與誠實。我們不太可能看到壞牡羊跟好牡羊之間有天差地別的差距。

天蠍座是個體化完成的重要階段。雖然很多發展層次很低的天蠍會讓人覺得很恐怖，但是天蠍座也有機會可以成為火鳳凰，成為高度進化的靈性導師。

不過天蠍座的能量發展高低，並不見得跟年紀、閱歷有關。有些天蠍座可能年輕的時候層次很低，但隨著年紀漸長，眼界也逐漸寬廣，成了飛翔在天空的老鷹；有些天蠍也可能年輕時，心靈還算純淨，但越老越像隻蠍子。其中的關鍵，在於如果天蠍座在生命中遇到重大苦難時，如果可以從難關中轉化，他們比較有機會可以讓能量提升。

從婚神星朱諾的神話中，我們也可以看出天蠍座原型的一個重要特質——他們最不能接受的事情就是被背叛。在神話中，宙斯為了追求希拉，固然軟硬兼施耍了很多手段，但最後決定嫁給宙斯的還是她自己。

天蠍座很能偵測別人心底的深層情緒，他們未必是刻意要去偵測別人在想什麼，但是他們就像是隨時開著雷達，別人的潛意識自動會被他們偵測到。也因此，任何壞人在太陽天蠍面前，都會比較難以遁形。天蠍座之所以痛恨背叛，原因就在於他們被別人背叛的同時，也等於是被自己給背叛了，因為自己一開始選錯了對象。

天蠍座偵測黑暗、挖掘表象之下礦藏的能量，其實是一種中性的能量。發展層次很高的天蠍，可以利用這個能力去協助他人，很多天蠍座會是很好的心理醫師，因為他們有能力協助他人發掘連當事人自己都沒有察覺的黑暗面。他們如果用的不是指控、不是操縱，而是用很正面的方式的話，他們有能力可以幫助他人很深刻的釐清自我。但如果拿這種能力每天去爭風吃醋，這個能量則會讓人感到很害怕。

在困境中提升自我

層次很低的天蠍，他們對隱藏事物的興趣，會展現在對八卦、色情、犯罪好奇的層次。但即使是對八卦、色情、犯罪的好奇，也有的人境界高得多，例如很多優秀的偵探小說家是水星天蠍，同樣是對隱藏的人性好奇，但是他們可以透過更廣泛的人性觀點，讓他們的境界成為在空中俯瞰人間的老鷹，不致於讓自己沈溺其中。

天蠍座的關鍵就在於轉化，而非純看相位好壞。一個人如果太陽跟火星，或者太陽跟木星有一百二十度和諧相，他們很可能只是將低階的天蠍能量運轉得非常流暢，搞不好反而失去了轉化的動力與需求。一個有剋相的人，他們或許有可能因為剋相帶來的困難重重，因而持續陷在低階的能量，但也有可能透過困境讓自己浴火重生，成為火鳳凰。

俄國文豪杜斯妥也夫斯基的太陽就在天蠍，他早年的作品很陰暗，描寫了很多人性的險惡，作品深具蠍子的特質。想要了解天蠍座的陰暗面，不妨從杜斯妥也夫斯基的作品入手，比如他在《罪與罰》中寫的對於鄰人的暴力與人性的黑暗。可是杜斯妥也夫斯基在中年以後，忽然對東正教極度感興趣，後來他寫的《卡拉馬助夫兄弟們》，藉由三個兄弟，等於處理了天蠍的三種位階。這三個兄弟分別代表了杜斯妥也夫斯基內心的三種能量：其中一個非常惡毒，是完全的無政府主義；一個非常神聖。

天蠍座的捕蝶網

儘管在神話中，希拉婚前是一個非常美麗的女神，但宙斯也是經驗老道的情場老手，他之所以對自己的親姊姊念念不忘，這也顯示出對宙斯來說，希拉有一種不可抗拒的肉體誘惑。從這裡可以看出，如同大家常有的觀念，天蠍座往往有著一種讓人難以抗拒的性吸引力。以前我們在《十二星座》一書中提醒過大家，很多人會誤將天蠍座很有性魅力等同於天蠍座很好色，但這其實完全是兩回事。好色的是金牛，而不是天蠍。天蠍是等著獵物上門的捕蝶網，他們並不是主動出擊去採蜜的蝴蝶。真正對於性的胃口很大的是金牛，而天蠍則能讓胃口很大的人，對他們產生很大的興趣。所以金牛跟天蠍之間格外有緣。

固然所有的一百八十度之間都有緣分，因為互補，可是不同的一百八都是不一樣的緣分。例如處女跟雙魚之間會有很強的吸引力，但是兩者之間絕對不會是性吸引力。其中只有金牛跟天蠍的一百八十度吸引力，特別跟性有關，因為金牛最好色，而天蠍最性感。

繼續回到希臘神話。儘管在婚前，希拉對宙斯有著不可抗拒的魅力，讓宙斯一定非得要強暴她，而且一定要娶她為妻——神話並沒有細述這部分的細節，並沒有談到是誰一定逼著對方要結婚。搞不好希拉有什麼資產，或者有什麼特殊的法術，可以逼著宙斯強暴她之後不能不娶她也說不定。但可以確知的是，宙斯在結婚之前真的很受希拉吸引，從宙斯寫給希拉的情書，可以看出宙斯對於希拉的肉體，有多大的渴望。

可是奇怪的是，他們一結婚以後，希拉的魅力就消失了，婚後宙斯顯然不再跟她上床，因此他們婚後並沒有生下任何後代。但希拉結婚以後就變得很忠貞，從這裡也可以看出，基本上大部分的天蠍座，婚後都對婚姻很忠貞。

如果將天蠍稍微簡單分類，我們可以說，太陽、月亮天蠍的人，基本上忠貞程度算是很高，金星、火星天蠍的人也還算忠貞，當然這得視他們的太陽、月亮落在什麼星座而有不同，如果太陽、月亮落在牡羊、雙子之類本來就不忠實的星座的話，當然忠實也有限，但還是會相對忠貞。

其中比較特殊的是處女，處女座最特殊的地方，在於他們對伴侶忠誠但未必忠貞。我認識很多不離婚的處女座，但他們未必忠貞。處女座由於分屬穀神星與灶神星共同掌管，所以處女座也大致上可以分成兩種：比較胖、比較愛吃、比較喜歡為人服務的屬於穀神星處女，他們會比較忠貞；很瘦、不愛吃、比較少為人服務的屬於灶神星處女，他們就會比較不忠貞。

宙斯與希拉結婚以後，希拉非常忠貞，但宙斯風流依舊，依然經常拈花惹草，有一次希拉忍無可忍，就把宙斯五花大綁綁在床上，宙斯逃走之後非常生氣，後來也把希拉綁起來吊在半空中。

神話故事寫得很荒唐，但其實它要說的就是婚姻關係中的暴力與虐待，也就是說，天蠍座、冥王星、婚神星，它們常跟婚姻暴力與家暴有關。

以我的太陽、金星都在天蠍而論，還好我的星圖中，還有很多人馬來提供幫忙，否則我看過星圖中很多天蠍加天秤的大美女，結婚以後都出乎意料的遇到很多困難處境。很多人婚後被丈夫家暴，後來也都離了婚。她們在結婚前很有魅力，離婚以後也很受歡迎，偏偏就是在婚姻中特別容易受到婚神星原型的影響，特別容易引發婚姻裡虐待與嫉妒的相關問題。

寬大的獅子、嫉妒的天蠍

天蠍座與婚神星與嫉妒、報復的主題最為有關。如果天蠍座的人能量沒有導向較高層次發展時，他們真的可能會有點可怕。例如偷拍璩美鳳性愛光碟，害她整個事業停擺的郭玉玲就是天蠍。在一般人的印象中，天蠍座本來就有如蛇蠍。如果細看婚神星神話，就會發現希拉真的很可憐。結婚前本來是眾人傾心的大美女，誰知道結婚以後立刻被先生冷落，每天忙於報復、追殺跟先生外遇的對象。她拿宙斯沒辦法，於是專找宙斯的情人跟情人生的小孩算帳，變得簡直是喪心病狂，從此形象大壞。

嚴格來說，璩美鳳的缺點不過就是有點虛榮，從事後多年來看，她的寬大其實也很不得了。

為什麼獅子很寬大？如果從十二星座的演化過程來說，大家從一出生的牡羊階段開始，到發展感官的金牛、學習溝通的雙子、感受保護的巨蟹，一直到了能夠完整表達自我意識的獅子階段時，一個人才第一次有了一種身而為人的完整感。所以獅子座的人如果說好聽點，他們很有自尊，如果說難聽點，他們很自大。獅子座之所以很自大，也在於他們其實不知道人有很多缺點。相較之下，處女座都很自卑。因為處女座不但知道身而為人，而且深知人的缺點。如果說獅子座會因為身為人而喜悅，處女座則因身為人而煩惱，因為他們看到人的缺點實在太多了。所以處女座會一直想要改善人的狀態。大家常認為處女座的特點就是很會挑剔別人，但其實他們對自己的缺點更是瞭若指掌。

獅子座的問題就在於他們一天到晚都覺得自己很完美，不知道為什麼大家不每天稱讚他們。也就是說，稱讚獅子座的時候，獅子座會相信，但稱讚處女座時，處女座不會相信。獅子座的寬大也跟此有關。獅子座會相信寬大是身而為人應有的美德，他們對於自己有一點優越感，所以對別人也不會很苛求。

從獅子座的自尊、處女座的挑剔，進入天秤與天蠍之後，這兩個星座要探討的是我們跟他人之間的關係。兩者的差別，在於天秤座是一個陽性星座，天秤座與其主管的智神星，探討的是一個人跟別人產生連結時，在心智上的理性意識。它要探討的是你在理智上喜歡什麼樣的伴侶關係。

天蠍座或冥王星、婚神星不同，它們要探討的不再是「我和你」，而是「我們」之間的關係，因此其中摻雜了很多複雜情緒。所以天蠍與八宮最跟人的集體潛意識有關，也就是跟人的七情六欲，跟人的貪嗔癡慢疑最有關。因此很多人會覺得天蠍座很恐怖。

天秤座有時候固然會有些牆頭草傾向而不太可靠，但他們並不會因為七情六欲而表現出貪嗔癡慢疑。天秤最大的問題只有偽善，他們不敢表達自己真正的想法。一個人如果連自己的想法都不願意全盤托出，他又怎麼會顯現出內在貪嗔癡慢疑的真正情緒？

但天蠍不同。如果你因為外遇時而惹惱了天蠍太太，從很多社會新聞中不難發現，天蠍座太太如果鬧起來，往往會不顧顏面鬧得不可開交。原因就在於天蠍座鬧起來，鬧的是七情六欲、鬧的是貪嗔癡慢疑。

過了天蠍之後，人馬不鬧七情六欲，摩羯關切功利，寶瓶客觀疏離，到了雙魚更是寧可當鴕鳥，也不要面對真相。因此從天蠍之後，人馬到雙魚都不會撕破臉大鬧。天蠍之前的天秤座也不會鬧，他們介意的是自己受到了不公平的對待，他們會跟對方展開理性談判。獅子會因為不相信自己輸給外遇而感到受辱、丟臉。金牛遇到另一半外遇，最關心的是錢上面會不會被虧待。牡羊太太遇到先生外遇，她們絕對「此處不留娘，自有留娘處」，她們一定很快就簽字離婚，立刻走人。雙子座不是正在腳踏兩條船，或者可以腳踏兩條船，不然就是曾經兩條船，雙子座太太也不會鬧。她們可能會想到其實自己幾年前也有過出軌的經驗或念頭，只是不見得被對方發現——不管男性或女性，雙子座都不可靠，因為他們不相信天長地久的一對一關係。他們只有正在可靠，沒有永遠可靠。巨蟹太太遇到這種事情，首先關切的是財產跟兒女是不是歸自己所有，因此她們也不會鬧得不可收拾。

獅子座的主管星就是太陽。在占星學中，從牡羊座走到獅子座，從火星走到了太陽，自我意識已經發展完整，因此獅子座的人都會對自己有很多期許。做為一個人來說，獅子已經發展成熟，但是還沒有進入自我修正的階段，還不夠深刻。他們還沒有理解到人世間的問題會有多複雜，還不知道人與人之間的關係不見得是公平的，他們也沒有足夠的能力面對。

牡羊、金牛、雙子、巨蟹並不像獅子有這麼強的自我意識，因此反而可以堅持用自己的既定模式來處理複雜的人際問題。但獅子因為擁有完整的自我意識，因此以為自己應該有能力處理，但再好的獅子在面對處女、天秤、天蠍領域的人際關係時，他們頂多能夠維持自己的尊嚴，卻沒有辦法真的處理這些問題。

他們一生都很努力想要扮演好國王的角色，但是到最後卻變得無法脫下國王的面具。

婚神星在進化中的重要性

婚神星真正要探討的不是能否擁有美好的婚姻關係，而在於體驗人性進化旅程中的一個重要階段。一個人唯有經歷過所有婚神星、八宮、天蠍的相關事物，才代表這個人有能力理解木星、九宮、人馬以後更大的社會、宇宙領域的意義。

生命的學習不是跳格子，並不是說只要經歷過婚神星的課題，就會頭也不回的前往九宮，一格一格往下跳，但是我們在現實生活中，其實常常可以看到它們的關聯。例如我認識一個朋友，她從小到大樣樣拿第一，唯有在婚姻上跌了一跤，遭到先生的背叛而離婚。她在離婚之後成為虔誠的基督徒。如果不是因為婚變的痛苦，她也不會對於九宮的宗教產生這麼強烈的渴求。但是這並不是說經歷婚神星、八宮課題而對九宮產生渴求的人，就真的能夠完全理解九宮。他們當然會因為對於九宮的渴求而了解了一部分九宮，但是不代表他們能夠了解九宮的全部。

在整個星圖一宮／牡羊，到十二宮／雙魚，每一個宮位、星座都有需要深入學習的課題。有人可能會認為一宮／牡羊的自我、自決課題很好懂，但很多人在輪迴中完全缺乏為自己做主的能力，因此這輩子會選擇有很多行星落在一宮，藉此好好學習自主的課題。在一宮領域中，從低到高又有許多不同的程度，同樣在一宮的自主課題上，有的人可能境界更高，他們可能要學習的是勇敢助人的功課，或者是要如何不畏他人阻礙，讓自己成為先驅者。

婚神星代表的是重要關係，當本命星圖中婚神星與冥王星有相位時，他們必然會在婚神星的重要關係中，才會深刻體認到冥王星的重要問題，這也代表他們會有緣分跟人形成重要關係時，所以才會遇到重要問題。

人性與神性的轉折點

婚神星掌管的天蠍座與八宮，它們是人際關係轉化的關鍵，可惜大部分人在其中都沒有真正學得轉化的功課。從木星（Jupiter，也就是希臘神話中的宙斯）掌管的人馬以後，就進入了神的境界。天蠍是人的最後一個關卡，它也是神化為人的象徵。婚神星朱諾，也就是希臘神話中的希拉，她在結婚前當女神時，可說是愛怎麼樣就怎麼樣。因此宙斯與希拉結婚神話的有趣，在於當兩個神結了婚，進入了一夫一妻制之後，一個神自由自在的繼續當他的神，另一個神卻跟人一樣，深陷於貪嗔癡慢疑的七情六欲而無法自拔。

星圖永遠可以從前往後看，也可以從後往前看。從人馬往天蠍看時，當一個神墮落成人，陷入人性的掙扎時，大家才有機會理解人性與神性的關聯；而如果從天蠍往人馬看，我們也可以說，當一個人可以從天蠍最深的人性試煉中昇華，人類才可能前往人馬，達到神性的境界。通過了天蠍座與八宮的考驗，人類就進入神性的啟蒙。

也就是說，能夠通過婚姻考驗、能夠經歷跟他人深刻糾結而全身而退的人，他們如果能從中學到婚神星與冥王星死亡與新生的啟迪，這些人就有機會更為接近木星朱庇特掌管的人馬與九宮的神性。而一路通過天蠍與八宮試煉而走進人馬、九宮領域的人，他們可以說比原先神話故事中的朱庇特（宙斯）來得更難能可貴，因為他們是通過了黑暗的人性試煉之後找到了自己的神性，而非神話故事中天生就是神。當人可以昇華成神時，他會比生而為神的境界更高。

天蠍座原型的三個階段

天蠍原型的三個階段，代表女性生命中的三個歷程：在結婚前，她們是充滿魅力、令人難以抗拒的少女（maid）；但到了第二階段，她們變成了新娘（bride）的時候，她們的好日子就要過去，壞日子就要來了；不過隨著時間的過去，她們終將進入第三階段，成為寡婦（widow），這個階段未必一定是實質上的先生過世，先生不再愛她，因而進入生命的冷宮期，也是一種活寡。不過，古今中外不管是喪夫守寡，或者是守活寡，我們常會發現，這個階段的婦人都去信教了，其中又以天蠍、八宮、冥王星強的人比例更高，因為她們亟欲逃離天蠍、八宮之苦，前往人馬、九宮領域。不過，這並不意謂著她們的境界一定比較高。因為要看她們是在什麼樣的基礎下跳進人馬、九宮，而不是只要跳進人馬、九宮，她們就一定境界很高。

在女性原型的三個階段中，未婚的少女階段是女性最自在、也最有魅力的階段，它意謂著女性在婚前都會擁有很獨特的女性魅力。當一個女性結婚之後就進入了第二階段，她們的性的自主權在婚後歸婚姻制度擁有，不再屬於自己。女性在婚姻中的第三個階段成為寡婦，這個階段既可以是實際的喪夫，也可以是形而上的意義，也就是進入更年期。很多女性，尤其是天蠍座女性，她們會在進入更年期後找回自信，很多跟先生鬧了一輩子的女性，會在進入更年期之後下定決心離婚。

對女性來說，更年期是一個非常重要的階段。女性進入更年期之後，卵巢就不再分泌雌激素，而雌激素是嫉妒最重要的燃料。當女性荷爾蒙的作用力下降時，一個女性對她的丈夫是否在外拈花惹草，也就不會那麼在乎了。這一點會反映在所有的女性身上，但在天蠍座女性身上格外明顯。原因在於雖然所有女性在婚姻制度中，都會反映出婚神星朱諾的面向，可是這種面向在婚神星主管的天蠍座女性身上，會反映得格外淋漓盡致。

一個女性在進入更年期之後，她們比較不會那麼容易嫉妒，也比較容易跟其他女性做朋友。她們這個時候已經不具生育功能，因此也比較不在乎先生在外頭拈花惹草。從神話中也可以看出這個傾向，婚神星朱諾在跟朱庇特結婚之後，有很長的一段時間荒腔走板的大演妒婦戲碼，但是到了後期，她也逐漸不再嫉妒。

神話故事中，婚神星朱諾進入一夫一妻制，變成了一個深陷嫉妒的太太。在現實生活中，除了喪心病狂的追殺外遇的對象、虐待先生在外頭生的小孩之外，虐待別人的惡婆婆或後母，這些也常跟婚神星原型有關。在本命星圖中，火星冥王星九十，如果是誤差值很小的緊密剋相，這會是一個非常危險的相位。如果火星冥王星九十中，火星落在牡羊，由於冥王星跟搶奪、暴力有關，而火星牡羊的欲望很強，因此火星冥王星九十的嚴重剋相，火星又落在牡羊時，常常可能會跟強暴之類的人身安危有關。但它不如火星冥王星九十的嚴重剋相，火星又落在天蠍時可怕。因為火星牡羊的強暴固然是一種性暴力，但是它不像火星天蠍刑相時有可能會帶來性虐待。

不同的行星落在天蠍座時，危險的程度也並不相同。一般來說，金星、木星落等吉星在天蠍時，它們的問題都不大。土星落在天蠍時，當事人容易因為土星的限制而感受到天蠍能量受到壓抑，火星如果落在天蠍，又跟冥王星形成刑相時，當事人就有可能會成為加害者。

身在現代社會的每一個人，我們都跟婚神星離不了關係。因為婚神星代表了一夫一妻制的婚姻原型。整個希臘神話講述的都是人類的起源。神話中宙斯與希拉因為結婚，而演出了凡夫俗子般的婚姻生活中的種種鬧劇，這個神話中躲著一個小小的細節：從希拉跟宙斯在一起，一直到兩人舉辦隆重的婚禮，宙斯宣布希拉為自己唯一的正妻之間，隔了三百年的時間。中間這神祕的三百年，有人認為它代表的正是由母系社會轉變為父系社會的過渡期。

母系社會中並沒有一夫一妻的必要性，因為只要是從母親肚子裡生出來的小孩，就一定是這個母親的小孩。但進入父系社會之後，就變得必須以一夫一妻為主，也有少數的一夫多妻現象。

經過了希臘神話中神祕的三百年，希拉嫁給宙斯，舉辦了盛大的婚禮之後，希拉就成了一夫一妻制最忠實的擁護者。一夫一妻制可說是人類婚姻關係中，所有問題的核心。即使一夫一妻制生出了這麼多問題，可是直到現在，就算大部分人其實很難做得到，但至少在表面上還是傾向於擁護一夫一妻制。這代表了一夫一妻制，背後一定跟人類的社會結構，有著很強的關聯。而這個關聯，簡單來說，就是八宮代表的共有財產。如果沒有了一夫一妻制，財產與繼承問題會很難解決。

財產與繼承的資源糾葛

凡是本命星圖中天蠍很強的人，例如太陽或月亮在天蠍的人，他們這輩子都會跟共有財產有很深的關聯。如果受剋的話，他們這輩子就容易跟別人因為財產的共有或財產的分享起衝突。舉例來說，如果一個人月亮在天蠍而且相位不錯，例如月亮跟木星一百二或月亮跟冥王星一百二，代表他們的母親一定會給他們許多財務上的支持，經由母系親人而獲得的財產利益，這也是一種因為財產共有而受益的實例。如果一個人的太陽在天蠍，而且相位不錯的話，則代表當事人容易從父親或丈夫那邊拿到錢。如果相反，如果一個人的太陽或月亮在天蠍，但是受剋的話，就代表當事人容易因為財產而跟父親、丈夫或母親、太太起爭執。如果一個人的金星在天蠍，代表當事人的情感關係中，共有財產會是一件很重要的事情。如果一個人的火星在天蠍，當事人則特別容易跟他人之間因為金錢而在行動上起糾紛。

除了天蠍以外，在天蠍一百八十度正對面的金牛座也很看重金錢。兩者的差別，在於金牛很強的人不容易因為金錢跟他人產生衝突，除非是跟冥王星形成剋相，但即使如此，也代表衝突來自於冥王星，而非金牛座本身。原因在於金牛座的錢只跟自己有關，金牛座對自己賺的錢很小心，而且並不會跟別人分享自己的錢。而天蠍不管是把自己的錢與他人分享，或者是共享他人的金錢，這些都隱含著天蠍座的控制欲，也因此特別容易在金錢上跟人產生糾紛。

兩個戰神：智神星與火星

希臘神話中，宙斯婚後到處偷吃、到處生私生子，他跟希拉結婚以後，反而兩人再也沒有生小孩。但最令希拉生氣的，卻莫過於宙斯甚至越過跟女人交配的過程，直接自己從頭上生出一個雅典娜，也就是智神星（Pallas Athena）。這個故事或許不是無中生有，它或許是古人無法理解而透過神話傳下來的一種無性生殖，它搞不好跟近代基因科學研究的桃莉羊或克隆人很類似。雅典娜之所以跟智慧有關，可能不只是因為雅典娜是宙斯藉由無性生殖，將自己的智慧灌注於雅典娜身上，還可能因為雅典娜本身就是一種經由複製技術產生的高科技產物。

從這邊我們也可以看到，歸智神星掌管的天秤座很強的人，他們很容易因為欠缺而強烈的感覺到人際關係上的需求。天秤永遠會想要找到將自己複製出來的原型，他們對於自己之外的另外一個自己，永遠存在著嚮往。他們想要從別人身上找到跟自己相像之處，藉此建立起同伴關係的聯繫。

因此天秤座的人常常有一種理性式的多情，他們常常會想：這個人跟我的教育背景好像，所以我們兩個人有關聯；這個人跟我一樣，都是基隆出生的，所以我們兩個人有關聯；這個人喜歡的東西跟我很相近，所以我們兩個人有關聯……世界上畢竟不存在另一個一模一樣的克隆人，所以天秤座常常會在只要別人身上找到一點一滴跟自己相同之處，就很容易在心智上建立起彼此的關聯。也因此，天秤座很強的人也比較容易成為同志——我跟他的性別一樣，對他們來說，這也會是一個吸引力。對大部分人來說，性別相同非但不具吸引力，而且會同性相斥。

宙斯無性生殖生下雅典娜之後，怒氣難消的朱諾決定自己也來無性生殖，於是生下了火星瑪爾斯。宙斯無性生殖生下了掌管天秤座、第七宮智神星雅典娜，而朱諾無性生殖生下的卻剛好是掌管一百八十度正對面牡羊座、第一宮的火星瑪爾斯。由於崇尚戰爭的羅馬人自認是戰神瑪爾斯的後代，所以到了羅馬時代，火星瑪爾斯甚至可以跟木星朱庇特（即宙斯）平起平坐，搶去了朱庇特不少鋒頭。

這對夫妻分別自己生出了兩個完全相反的子女，一個生出了最理性的智神星雅典娜，一個生出了最衝動的火星瑪爾斯。而這兩個人也同時都是戰神，火星瑪爾斯固然是最會打仗的戰神，但大家別忘了，雅典娜卻是最會外交、談判的女戰神。

觀察身邊天蠍座的人會發現，儘管有小孩的天蠍座不少，但是沒有小孩的天蠍座的比例也不低。固然有些人是因為不容易受孕，但主動選擇不生小孩的人如我，天蠍座的比例絕對會比巨蟹座之類的星座高很多。不過有沒有小孩，還是會牽涉到整體的星圖配備，比如月亮在五宮的人都會比較容易受孕。但如果撇開宮位、相位的因素，就希臘神話中宙斯與希拉的婚姻來看，沒有子嗣這件事，會是某些帶有強烈天蠍原型的人會遇到的問題。

背叛與獨守空閨

宙斯跟希拉的神話中，宙斯先強暴了希拉，娶了希拉之後又不斷的背叛希拉。不管是強暴或背叛，負面的婚神星或天蠍座，往往代表了父系社會中女性的悲慘命運。婚神星與天蠍座跟一夫一妻制的女性祕密有關，它除了代表女性檯面上與檯面下的婚姻生活之外，它也跟晚晴協會這類女性資源團體有關。晚晴協會創辦人，事實上也的確是天蠍很強的女性。

本命星圖中天蠍座很強，或者冥王星相位很強的人，除非是受到家暴，他們才會基於人身安全的考量離婚，或者對方非離不可，讓他們無計可施，否則即使在婚姻中遭受背叛，他們往往也不會願意離婚。原因就在於天蠍座與婚神星朱諾是一夫一妻制最忠誠的擁護者。

我認識一些天蠍座很強的女性，婚後遇到先生外遇時一反平常的溫柔和善，完全像是失去理智般做出一些很離譜的事，例如跑去先生工作的地方大鬧，或者寫黑函、打電話到處謾罵，如果將自己的故事跟婚神星朱諾的神話故事做個對照，她們一定會非常感慨，因為自己的生命，早已在遠古的神話故事中演出。

我們不能說天蠍座一定不離婚，因為鬧到最後，可能終究還是不得不離，如果她們還有天王星或海王星相位，但事實上越是鬧得厲害，就顯現出她們不想離婚。

也就是說，排除了家暴，或者本命星圖中天王星、海王星很強的因素之外，以下這幾種人都不容易離婚：第一種是本命星圖中天蠍座很強（例如太陽天蠍、月亮天蠍、上昇天蠍）的人；第二種是本命星圖中冥王星相位很強的人；第三種是夫妻之間的人際合盤中，具有土星或冥王星相位的人。其實這三者的邏輯相同。

儘管在神話中，宙斯跟希拉一直沒有離婚，可是宙斯一天到晚不在家，讓希拉經常獨守空閨。也因此，天蠍座也跟獨守空閨有關——寫到這裡，我忽然感到一愣，因為身為太陽天蠍的我，在婚姻中並沒有經歷獨守空閨之苦。但「獨守空閨」這四個字反倒是常從我先生口中聽到，或許因為星圖中的人馬太重，常常工作完跟人聊天聊到半夜才回家，結果反而讓月亮跟土星都落在天蠍的先生獨守空閨，苦等我回家了。

婚姻制度忠誠的擁護者

在希臘神話中，希拉也會經常有階段性的退隱。所謂的退隱，其實也不過是被宙斯氣到了，因此躲起來不見宙斯。可是過了一陣子，這對夫妻又會重聚，並且一同以眾神之神與天后的夫妻之姿，去參加很多重要公開場合。

在我認識的這麼多人中，單純以太陽天蠍的女性而論，她們嫁給牡羊、雙子最慘，因為天蠍是一夫一妻制最忠實的擁護者，但是卻嫁給最花心的牡羊、雙子，當然會很慘。她們如果嫁給寶瓶也很慘，因為寶瓶不相信婚姻制度——寶瓶並不是針對婚姻制度，而是他們不相信任何制度。

嫁給不相信一夫一妻制的人，不見得會讓所有人都變得很悲慘。例如摩羯座女生嫁給不相信一夫一妻制的人，只要給她們合法正妻的正統身分，她們其實痛苦不到哪裡。但天蠍座不行。如果先生外遇，天蠍座太太因為堅決不願意離婚，所以還是擁有妻子的正統身分，可是因為她們會嫉妒、想佔有，所以她們還是會感到很痛苦。

寶瓶根本不在乎，雙魚會睜一隻眼閉一隻眼，假裝不知道。牡羊可能會二話不說，立即走人。巨蟹會躲起來，用子女當成自己的安慰，而且巨蟹座如果遇到的是花心的牡羊，由於牡羊很大方，可能會把錢全部交給太太管，因此巨蟹也不會出來大吵大鬧。

我認識一對夫妻，先生是太陽人馬，太太是太陽天蠍，這兩個人有如現代版的宙斯與希拉一樣，演出了希臘神話天神夫妻中的種種情節，甚至讓我想為他們寫一齣舞台劇，讓大家看一看夫妻生活中的嫉妒與紛爭，其實從古至今並沒有太大改變。

但這個先生的金星與土星在天蠍，太太的木星在人馬，所以這段婚姻除了演出先生宙斯、太太希拉的主題之外，同時也會上演先生扮演希拉、太太扮演宙斯的副主題。這對夫妻有一陣子先生外遇，太太不想離婚，於是獨自一個人避居國外。但後來太太也有外遇，這兩個人既是貓，又是老鼠，簡直把宙斯與希拉的戲碼演得活靈活現。這對夫妻都不時會有外遇，兩個人也跟宙斯希拉一樣沒小孩，但是他們多年來也一直不離婚，前陣子太太從國外回來，他們還一起去參加社交活動。他們大部分的時間沒有在一起，但是每隔一陣子又會重聚，表面上看來，他們似乎過的是一種非常開放的人馬式的開放婚姻，事實上卻沒有這麼心胸寬廣，因為他們各自有各自的天蠍。儘管身邊很親近的朋友都知道，這對夫妻各自有各自的外遇對象，但是這些事情卻不能當面拿來跟他們開玩笑。

比如有一次我說溜嘴，在先生面前提到上次在某個場合遇到他太太，當天太太身邊是跟太太有曖昧關係的人。先生回以他知道太太當天去參加這個活動，但是不知道是跟這個人一起去。過了不久，我就看到先生撥了個電話給太太，稍微抱怨了一下。也就是說，先生雖然接受太太偶爾也會跟別人傳一些小曖昧，但是當面聽到時還是受不了，因此先生在宙斯的主題之外，也經常會扮演善妒的希拉副主題。他的太陽人馬演出宙斯外遇風流的情節是一回事，但是他的金星、土星天蠍演出的希拉，是大家萬萬碰觸不得的地方。

這對夫妻經常跟宙斯、希拉一樣，因為各種因素不在一起，例如太太曾經幾次出國長住，一住就是一整年，整年都沒有跟先生在一起。不過這並不表示這對夫妻的感情很差。例如前陣子這個先生生病住院，太太也跟著去醫院細心照顧。這個人馬先生也的確很粗心，他因為頭痛身體不舒服，一天內吃了一瓶而不是一包止痛成藥五分珠，結果引發全身抽筋，緊急被送到台大醫院急診，但他自己卻沒想到是五分珠惹的禍。醫生看症狀嚴重，還以為是什麼不治之症，花了一整天全身大檢查，折騰了一天之後，他才忽然想到，可能是因為吃太多止痛藥的關係。

讓我印象最深刻的是，前陣子我跟這對夫妻一起出席一個活動，看著他們手牽著手跟大家打招呼的樣子，我內心真的覺得人類的一夫一妻制值得歌頌，因為一夫一妻制的力量真的太大了。如果旁人不是真的知道這對夫妻婚姻的內情、不是像我這麼好奇的話，他們絕對想不到當下這對相親相愛夫妻的祕密，他們就像是所有被神聖的一夫一妻制理想化夫妻，感情很好，而且婚姻生活中沒有遇到任何問題。

天蠍座與處女座

天蠍座跟處女座都是跟性關聯很大的星座。掌管天蠍座的是婚神星朱諾，掌管處女座的是灶神星維斯塔，前者已婚，後者並沒有結婚。兩者的差別，在於灶神星是未婚的女神，所以擁有充分的性自主權，想要跟誰上床就跟誰上床。儘管灶神星的性是用來服務大眾，但是依然保有自主。灶神星是神聖的性祭司，雖然提供的是性服務，算是一種神聖妓女，但神聖妓女跟一般妓女的差別，在於神聖妓女有挑選客人的權利，一般妓女沒有。不過，灶神星的性雖然淨化身體，可以幫尋求協助的人解決因為性而產生的各種問題，但是它無法淨化靈魂。

而婚神星要探討的是一男一女，他們藉由性的一陰一陽，達成的一種性的和諧與性的一體。最理想的婚神星，是期望藉由神聖的婚姻，藉由兩個人的共修，達到身心靈和諧的最高狀態，進而由人的狀態，晉升到神的境界。也就是說，灶神星與其掌管的處女座，要探討的是一個身體的深度淨化的過程，而婚神星與其掌管的天蠍座，要探討的是一個靈魂的淨化過程，儘管後者似乎並沒有聽到誰真的成功實踐過。

灶神星可以被視為一種性的瑜伽，但是它並不是一種譚崔（Tantra）的共修。當一個人在性方面受到阻礙，可以尋求灶神星的幫助，得到性能量的疏導，但它不是一種兩個人的結盟。灶神星的性能量交流，就像是感冒去找耳鼻喉醫生看病一樣，灶神星提供的性能量服務，並不一定得要發生在夫妻身上——這是一種非常處女座的邏輯。灶神星提供的是藉由性能量的服務，讓求助者得到淨化、療癒，它是一個人跟另一個人的性能量交流，它跟結盟完全無關。

但婚神星的性是兩個人的共修。對婚神星朱諾來說，先生不肯跟她發生性關係，對她而言是很嚴重的事。因為婚神星朱諾結婚以後，與其說她的性被先生綁住，不如說她的性是被婚姻制度給綁住了。如果她的性只是被一個男人綁住，這個男人不要，她大可以立刻換個男人，但她的性是被婚姻綁住，所以要換男人除非離婚，可是她們又對一夫一妻制很忠誠，不到最後關頭絕不離婚。

婚神星的強弱

婚神星的特質容易顯現於三大類情況：第一類是重要行星落在天蠍，第二類是重要行星落在八宮，第三類是冥王星有很強的相位。這三類中的情況又略有一些不同。

凡是太陽、月亮在天蠍，當重要行星落在天蠍時，情況會最為明顯，這是因為當本命星圖中的行星落在天蠍時，行星會直接透過天蠍座顯現出婚神星朱諾中的神話特質。而宮位不同，由於八宮跟他人相關的共有財產有關，舉例來說，如果一個人的金星落在八宮時，與其說這個人的性是被婚姻所擁有，還不如說他的性是被婚姻中的金錢給控制住了。如果是第三類，也就是冥王星相位強的話，則比較屬於被對方擁有的類型，即使冥王星不落在七宮婚姻宮，當事人還是容易被對方擁有，因為冥王星代表的是私有制度。

也就是說，由於婚神星直接掌管天蠍座，所以本命星圖中，如果有重要行星落在天蠍時，當事人會很明顯的直接演出婚神星朱諾的神話情節，而八宮或冥王星相位強則屬於婚神星能量的延伸發揮，它會發生情境式的影響，但不見得會像行星落在天蠍時，這麼清楚的反映出婚神星神話的各種面向。

如果將人類的智慧分為三個等級的話，可以分為：水星（雙子）、智神星（天秤）與天王星（寶瓶）。而人類在情緒與情感關係中，也可以分為三種狀態：一種是月亮（巨蟹）跟親情有關的情感；一種是婚神星（天蠍）中跟婚姻關係有關的情感；一種是海王星（雙魚）中跟人類有關的昇華情感。這三種狀態考驗著我們在情感關係上的三種境界。月亮的情感最強，也最穩定，因為它是與生俱來的血緣關係；婚神星比較複雜，它雖然沒有血緣關係，但是有利害關係；海王星的情感則既沒有血緣，也沒有利害關係，當我們捐錢做善事，都是把錢丟進了海王星的功德箱中，它既沒有血緣關係、利害關係，也不求回報。

Chapter/4

婚姻關係的人間道場

婚神星代表了我們在潛意識中，或命定的婚姻緣分中，會選擇什麼樣的婚姻對象。相較之下，智神星代表了我們的心智判斷上想要得到的理想對象。

婚神星由於跟冥王星共同掌管天蠍座，所以婚神星也跟冥王星一樣，具有很強烈的命定特質。智神星是我們理性上想要的理想對象，婚神星是我們的本能想要的對象。但婚神星的對象會比智神星想要的對象命定程度高很多。

智神星跟婚神星合相的人非常幸運，因為他們理性上想要的對象，跟本能想要的對象是相同的。如果智神星跟婚神星一百八十度的話就很慘，因為他們理性上想要的對象，跟他們情緒上、潛意識上，甚至命定的姻緣上的對象完全不同。

婚神星落在什麼星座，代表了我們在潛意識上會想要做出的婚姻選擇。從婚神星的星座中，我們常常可以看到一個人比較容易在婚姻關係中跟什麼樣的人產生關聯，可以看出我們會因為婚姻關係，跟什麼樣的人產生很複雜的性、金錢、權力的糾葛，而且往往超越喜不喜歡的層次。它跟金星、火星的不同，在於金星、火星讓我們因為喜歡而產生衝動，但是它們即使上了床，也不見得會跟對方產生性、金錢、權力的糾葛。可是婚神星相反，它的重點並不在於喜不喜歡，它會使兩個人必須經歷比較複雜的性、金錢、權力的課題——簡單來說，這就是婚姻。也因此，在印度占星學中，想看婚姻的話，最重要的就是看婚神星。大致上來說，如果一個人的本命星圖中，婚神星本身就有很多剋相時，當事人在選擇婚姻對象時，受到土星或冥王星的影響力會比較大，但如果本命星圖中婚神星並沒有受到負面相位的干擾，甚至婚神星本身就有很好的相位時，當事人就特別容易選擇一個太陽、月亮、上昇跟自己的婚神星落在同一個星座的人，做為自己的婚姻伴侶。

婚姻中的深刻功課

婚姻關係提供的並不是彼此的深刻理解，在很多婚姻中，夫妻雙方不見得真的非常了解對方，但是婚姻會讓雙方不得不透過很深的情緒，去面對人際關係的本質。

從理性的層面來說，很多夫妻對彼此的理解，常常不如好友、師生，很多夫妻之間的關係，也比不上從小一起生活了二三十年的家人那麼親近。但是不管夫妻雙方彼此親不親近，互相了解的程度深不深，兩個人只要結了婚，他們就會必須要面對許多很深的功課，這些都是別的人際關係中不可能學到的功課。

舉個簡單的例子，除了貪圖父母遺產而謀財害命的少數特例，雖然大家都是被父母從小養大，但是通常子女不會覺得父母的錢就是自己的錢。相較之下，雖然有些夫妻在金錢方面保持想要你的是你的，我的是我的，但這種理性方式在夫婦關係中常常行不通。夫婦關係很奇怪，很多人與人之間的禮貌、距離，例如父母子女間的距離、老師跟學生間的距離，一旦進入了夫妻關係，這些距離很快就會被打破了。

只要結過婚的人都知道，這個世界上會知道你人生中最多真面目的人，就是婚姻伴侶。我婚前有過不少男朋友，戀愛經驗豐富，但是結婚只有一次，剛結婚的時候我先生常問我，以前哪個男朋友知不知道我以前怎樣、我家怎樣這類問題。這時候我才發現的確是這樣，以前交往過的男朋友，可能在一起都已經超過三、四年，不管是自認感情多深、彼此多了解對方，其實有很多事情還是沒告訴對方。

沒結婚之前，感情再怎麼好，都沒辦法像結婚一樣，兩個人被迫得要去面對生活中比較複雜的真相。即使這對夫婦在整個面對的過程中都很混亂，或者彼此誤解，但他們都會被迫面對。

結婚以後，就得要處理一種有法律保障的性關係，這跟男女朋友情人間的性關係是不同的。不管是跟公婆、工作、財產有關的很多事情，都是無法逃避，必須被迫面對的複雜情境。

所以我們在學習婚神星的時候一定要記住一個關鍵，結婚這件事並不意謂著夫妻關係會因此變得很深刻，而是他們必須共同面對的事情很深刻。我們可能會跟某些朋友之間很知心，彼此之間有很深刻的理解，但是我們並不需要跟知心好友一起去面對很多複雜的深刻問題。如果一個人終生不婚，這個人就不需要面對很多人際關係中深刻問題。

雖然他們也還是會在其他的人際關係上，例如事業夥伴或朋友、家人方面遇到其他問題，不過這些問題通常或多或少可以在理性的基礎上解決。但如果有過婚姻經驗的人就會知道，理性在婚姻中通常無效。真正能讓婚姻得以良好運作的是深層的信任，它是一種相互扶持，就像基督教婚禮的例有誓詞：「不管是好是壞，是貧是富，是疾病是健康，直到死亡將我們分開。」「兩個人在上帝和眾人面前已經締結這重要的盟約，你們當時常照約彼此相待，方能增加你們的福份，並使人得益處。」這些都是有意義的。

你泥中有我，我泥中有你

每一個星座、宮位與行星能量中，都有會有不同境界的功課。以婚神星而論，它可以是人際關係中的深刻連結，也可以是最淺薄、最麻煩的勾心鬥角。

將智神星與婚神星做個比較，智神星要的是「你的是你的，我的是我的」，智神星追求的是一種理性的人際關係。但婚神星卻要「你泥中有我，我泥中有你」，透過這種方式讓彼此連結。婚神星喚起的感覺，很接近大家常說的「婚姻緣」。

但是如果本命星圖中婚神星跟金星、火星或者太陽、月亮出現剋相，他們就會是那種婚姻緣很不好的人。例如一個人本命星圖中婚神星在處女跟太陽雙子之間形成了九十度剋相，當這個人遇到了一個跟婚神星合相的太陽處女，雖然太陽處女是當事人婚姻的理想對象，但是對方的太陽跟當事人的太陽九十，因此兩個人一定很不對盤。

如果情況相反，當一個人的婚神星跟本命星圖其他行星大致上相位不錯，這個人即使本命星圖的金星、火星一塌糊塗，但是當事人的婚姻卻能夠狀況良好，因此他們也會因為婚姻狀況不錯而去壓抑金星、火星原本的問題。

本命星圖中金星、火星的問題，會隨當事人的婚姻狀況而有所改變。雖然在學習的過程中，金星、火星、婚神星是三個不同的領域，但是在實際面對星圖時，我們一定要有將它們整合起來的能力。

如果只從金星、火星相位來看，本命星圖中金星跟火星的合相或一百二十度和諧相，代表金星的情感與火星的情欲彼此協調。但是一個金星火星相位不錯的人，未必月亮或婚神星也有好相位。

假設一個人金星火星相位很好，但是月亮或婚神星相位很差，代表他們的戀愛運很好，婚姻緣很差，金星火星的好運，會使他們在婚姻中遇到困難時感覺更為難受。同樣的狀況如果發生在金星火星相位不好的人身上，由於他們的桃花向來很差，當他們遇到婚姻中的問題時也不會覺得有什麼大不了，所以反而比金火相位好的人更能接受婚姻中的各種問題。

金火相位好而月亮、婚神星相位不好，以及金火相位差而月亮、婚神星相位好，將這兩者做個比較：當金火相位好的人遇到婚神星壞相位的婚姻問題時，他們常常會因為不想面對而直接放棄婚姻；但如果情況相反，金火相位不好但月亮、婚神星不錯的人，雖然他們婚後金火相位不好的問題依然存在，他們的金星、火星還是不會得到滿足，但是婚姻並不是只有金星、火星，何況他們婚前所有的關係同樣都有金火不好的問題，因此當他們遇到了還不錯的婚姻關係時，就會把金火的問題放在一邊，努力的經營婚姻。

簡單來說，如果要完整的解讀一個人的婚姻狀況，除了金星、火星之外，當事人的月亮、婚神星，甚至連水星都應該要同時考量。但如果只是單純的戀愛關係，除非當事人是以結婚為前提談戀愛，否則只會牽涉到金星、火星，在一般的戀愛關係中，月亮跟婚神星的影響力並不顯著。

由於現代人的平均結婚年齡較晚，如果詢問身邊所有三十五歲以上結婚的人為什麼會選擇這個對象，大家會發現，可能百分之八十以上的人都無法說出具體原因。因為大多數人的婚姻對象，都不符合他們談戀愛時對於理想對象設定的條件。

原因在於，就戀愛關係來說，雖然其中也有一些緣分、命定的成分，但是在戀愛關係中，我們是憑藉著金星、火星甚至包括水星帶來的好感跟人交往，因此比較容易知道自己為什麼會愛上這個人。基本上都是基於內行星的能量，讓我們基於喜不喜歡、談不談得來這類的條件，決定了我們是否想要跟這個人談戀愛，即使有時候可能是內行星加上了木星或天王星，情況會比較複雜，但還是要靠內行星的個人喜好來啟動。

但是結婚就不一樣了，選擇婚姻對象時，金星、火星的個人喜好相形之下變得很不重要，結婚的對象常常都不是當事人挑來的，因此大家會覺得婚姻是千里姻緣一線牽。

PART 2

婚神星星座——婚姻伴侶的特質

婚神星所在的星座，常常會讓我們自然會跟這樣的人產生緣分，不過這種自然有緣分的對象，並不等於一定可以開花結果走上紅毯。對本命星圖婚神星相位很差的人來說，有緣相遇的對象，往往沒有緣分跟他們結婚。

從婚神星所在的星座，可以看出一個人真命天子的特質，但是受到本命星圖中宮位及相位的影響，有的人就是跟自己的真命天子無緣。此外，真命天子也跟靈魂伴侶是兩回事。婚神星顯現出來的是一種命定對象的緣分，它跟這個人了不了解你，跟你感情好不好無關。

當我們選擇了上昇、太陽、月亮跟我們的婚神星同樣星座的對象，意謂著他們在某種程度上符合我們內心對於婚姻的期望。我們的婚神星落在的星座，顯現出我們內心當中婚姻對象應有的本質，如果對方的上昇、太陽、月亮跟我們婚神星的星座相同，意謂著這個人扮演的婚姻伴侶角色，符合我們的期望。

如果我們選擇的是符合期望的人，雖然婚神星相位很差的人往往期望變失望，但畢竟我們會比較能夠接受。

這也是東方占星學非常看重婚神星的原因。一個婚神星處女的人如果嫁給了一個太陽處女，這並不代表她一定嫁得比別人好，不代表她的先生一定就是白馬王子、夢中情人，但是即使婚姻後來出了問題——所有的婚姻都一定會有問題，她內心會覺得如果嫁別人會更糟。她可能會因為先生很難相處而不高興，但是她也知道這就是她想嫁的人。

婚神星不只是反映出當事人自己的婚姻態度，也常反映出當事人婚姻對象的特質。例如婚神星牡羊的人自己對待婚姻的態度很獨立自主、很強勢，他們也喜歡找很獨立自主、很強勢的人來結婚——這對他們來說是一件好事。一個婚神星牡羊的男人如果娶的是太陽牡羊或太陽人馬的女人，他們的婚姻關係會比較和諧，因為他們的太太並不在乎先生很少待在家這件事。但如果婚神星牡羊娶的是太陽巨蟹或太陽天秤，對方就會很受不了。

也就是說，不管婚神星落在什麼星座，即使是自我中心如婚神星牡羊，只要找得到恰當的對象，其實就不會出大問題。依照婚神星跟對方太陽的配對來尋找婚姻伴侶，雖然不能保證不出問題——因為有可能還會受到其他剋相的影響——但是就某一個程度來說，雙方至少對婚姻的期待是相似的。

當我們藉由星圖理解婚姻關係時，婚神星位於什麼星座，往往具有關鍵性的影響。同樣婚神星跟太陽、金星、火星形成剋相的情況下，婚神星落在寶瓶會比婚神星落在金牛的人容易離婚。也就是說，婚神星如果落在本質上不那麼在乎婚姻的星座時，當事人就比較容易因為剋相而分手，如果婚神星位於重視延續婚姻的星座時，他們就比較不會因為剋相而離婚。但是不離婚不代表沒問題，所以我們一定要注意，絕對不能只用有沒有離婚來評斷婚姻的好壞，一定要更為深入理解婚姻的各種問題，才能知道婚姻的真正狀況。

Chapter/1

婚神星牡羊：獨立型婚姻

牡羊座的特質就是強勢、自主，當一個人的婚神星位在牡羊，他們對於婚姻的態度就是要能獨立自主。婚神星牡羊的人不分男女，他們都會喜歡比較強勢、獨立的伴侶。婚神星牡羊的人即使結了婚，他們也都還是很注重自我的獨立性，還是愛做什麼就做什麼，還是跟單身一樣。他們不會因為結了婚，就從「我」變成了「我們」。

我有個婚神星牡羊的朋友，他除了婚神星牡羊之外，太陽也在牡羊，又是家中的獨生子，所以他呈現出來的牡羊霸道特質，在外人看來簡直有一點荒謬。比如吃飯的時候遇到他喜歡吃的菜，就會叫太太少吃點，因為他想要自己獨享。他喜歡買古董，但是他自己花錢買古董沒關係，可是太太花錢買新衣服的話，就會被他埋怨說衣服很貴——這些事情當然會害他被太太罵，每次被罵他也會摸摸鼻子覺得自己活該該罵，但是下次還是會犯同樣的錯。因為在內心中，他完全沒有意識到單身跟已婚有什麼不同。另一個婚神星牡羊的朋友也有類似狀況。他們家裡有養貓，平常這隻貓的生活都由太太照料，有一次太太有事情回娘家，要他帶貓去打針，結果他滿心不情願的跟朋友說，今天因為得帶太太的貓去打針，所以不能出門跟大家玩了。大家聽了都說，這隻貓你們家養了十年，而且常在你家看到你在跟貓玩，怎麼說是太太的貓呢？從這些例子中可以看出，婚神星牡羊的人在婚姻中缺乏分享的概念。儘管如此，如果他們的另一半不在乎這些事，婚神星牡羊的人未必會因此而容易離婚。

婚神星牡羊的人最大的特色，就是他們結了婚之後，還是過著單身漢的生活。雖然婚神星牡羊對婚姻的態度有點自我，但是除非當事人的婚神星本身有剋相，否則他們的婚姻也不會出大問題。即使當事人婚神星受剋，比如當事人本命星圖中婚神星跟金星之間有九十度剋相，當事人婚後有可能會跟別人發展婚外情，即使如此，也未必會影響他們的婚姻狀態。我認識一個婚神星牡羊的人，他是在科技公司上班的高薪上班族，每天一早七八點就出門，也不知道是忙工作或者是自己出去玩，不到半夜十一二點不回家，他也不覺得有跟太太交待的必要。對他來說，每個月定時把家用交給太太，就是善盡婚姻義務，他完全沒有考慮到一起分享生活才是婚姻的本質。但剛好他的太太只要先生拿錢回家就好，其他一概不過問，因此這段婚姻可說各取所需，雖然未必皆大歡喜，但也相安無事。

Chapter/2

婚神星金牛：多金型婚姻

如果一個人婚神星在金牛，他們會喜歡的是很穩定、具有財務基礎，能夠讓他們在現實生活中依靠的對象。婚神星金牛的人對於婚姻的態度很務實，但他們也常會有為了錢而結婚的傾向。例如溫莎公爵夫人華里絲辛普森（Wallis Simpson），就是婚神星金牛。

不少婚神星金牛的女性都嫁得不錯，因為她們對於婚姻很務實，所以婚姻狀態會比較穩定，但也因為她們很看重婚姻中的金錢基礎，所以相對來說，她們對婚姻的情感面就看得比較淡。婚神星要求的是深刻的情感連結，而婚神星金牛注重的是物質連結，因此婚神星落在金牛其實並不是一個很好的位置，但不意謂著婚神星金牛的人婚姻狀況不好。婚神星金牛的人常有一種狀況：如果這對夫妻的經濟狀況一直不錯，他們的婚姻就不會出問題，但如果經濟狀況出問題，他們可能就會離婚。

我有個一個朋友婚神星在金牛，由於她的金星跟火星都落在獅子，所以她很容易對獅子座的男人心動，年輕時她也主動追求過兩個獅子座的男人，不過因為她婚神星在金牛，所以她後來結婚的時候，還是很務實的選擇了很有經濟基礎的男人。但是由於婚神星跟金星、火星形成了九十度剋相，她一直有著金星、火星無法被滿足的問題。

我還認識一個婚神星金牛，太陽、金星都在天蠍的朋友。她長得非常漂亮，但是嫁給了一個比她大十七歲、非常有成就的男人。剛結婚時先生正當壯年，問題不大。但是過了十幾年之後，先生已經出現老態，她也越來越感覺到自己的情欲無法被滿足。她也因為婚神星金牛的物質傾向跟太陽、金星天蠍情欲深層交流產生衝突，讓她的婚姻面臨很大的考驗。

Chapter/3

婚神星雙子：玩伴型婚姻

婚神星雙子的人在婚姻伴侶的選擇上，最重視的是對方能否在心智上跟他們交流。他們追求的是一種雙方有很多話聊，可以分享很多日常的活動的對象。他們追求的並不是深刻的感情，而是有點類似高中生一樣的輕鬆關係，他們要找的是可以一起聊天、一起玩的玩伴。他們希望可以跟這樣的對象，一起在婚姻中追求各式各樣心智上的刺激。

由於雙子的雙重特質，從我認識的朋友來看，婚神星雙子的人往往即使結了婚，也不會只有一個對象。雙子座的能量跟一夫一妻制的婚神星本質上是背道而馳的，因此婚神星雙子的人不會是一夫一妻制的信徒。由於婚神星雙子對各式各樣的親密關係都很感興趣，如果本命星圖中還有其他的相位配合，婚神星雙子的人還有可能會是雙性戀者。

不過雖然婚神星雙子完全不遵守一夫一妻制的約束，但如果他們的另一半不在意的話，例如他們遇到的是太陽雙子，他們也未必需要因此離婚。也有一些婚神星雙子的人對婚姻的興趣不大。雙子座的情緒本來就比較淺淡，他們天生討厭複雜，因此特別討厭婚姻關係中的各種要求，我認識不少婚神星雙子的人，明明跟另一半在一起很多年，雙方不但住在一起，可能還一起做生意，完全形同夫妻，但就是不肯去辦個結婚手續，不肯被婚姻綁住。例如法國哲學家沙特（Jean-Paul Sartre）就是婚神星雙子。他跟西蒙波娃（Simone de Beauvoir）是終生伴侶，但兩人終其一生都沒有結婚。

Chapter/4

婚神星巨蟹：居家型婚姻

婚神星巨蟹的人希望透過婚姻的安全感，能夠跟對方產生很強的連結。但是巨蟹非常敏感，而且不願意面對真相，他們常常會逃避很多婚姻中的實際狀況。他們需要的婚姻對象是一個能夠穩定支持他們的人。當婚姻出現問題時，他們會變得很情緒化、很退縮，並且出現情緒障礙。

婚神星巨蟹的人很渴望婚姻帶來家庭生活的穩定，不管是一起吃飯，分享日常生活，這些事情對於婚神星巨蟹的人來說很重要。我有一個婚神星巨蟹的朋友，太陽天王星九十度的他原本抱持不婚主義，之前他跟一個獅子座女生交往多年，他的女朋友一直覺得他很難搞。最令她受不了的事情，莫過於男朋友從來不肯帶她出去公開拋頭露面，甚至外人問起他們是不是在交往，這個男人居然回答「也不算」，這對獅子座的她來說簡直大失面子，兩人後來也就分手了。

令人驚訝的是，這個被大家認為不可能結婚的人，後來居然結婚了。婚神星巨蟹的他，娶的正是一個太陽巨蟹女生。這個女生雖然長得很平凡，不如獅子座前女友漂亮，但是出乎大家意料之外拴住了他的心。結婚以後他居然過起很平凡穩定的家庭生活，從夜夜笙歌變為居家男人。

婚神星巨蟹的人內心都有其脆弱的一面，因此非常依賴穩固的婚姻生活為他們帶來支持。我有一個婚神星巨蟹的朋友，由於他的金星跟火星都在雙子，其實有點花心，所以他每隔一段時間就會在婚姻之外來個小外遇，雖然有幾次被太太抓到，但只要回頭，太太也不再追究——主要原因在於他的太太是務實的太陽處女，如果是太太是天蠍的話，恐怕早就把先生給甩了——也由此可見婚神星巨蟹的人都很重視家庭生活，他並不會將捻花惹草發展成固定關係，只要太太沒有大翻臉，每次外遇結束他都會回到太太身邊。

Chapter/5

婚神星獅子：明星型婚姻

婚神星獅子的人有個特色，不管是對自己的太太，或者是對外遇對象，他們都非常大方。像影星成龍就是一個標準的例子。

婚神星落在獅子，對於婚姻來說，有其有利之處，也有其不利之處。婚神星獅子的人對婚姻的想法，跟其他人最不同之處，在於他們認為婚姻生活跟談戀愛時的生活不應該有差別，他們很重視在婚姻生活中必須保有戀愛的浪漫，他們喜歡在婚後維持約會的儀式。我認識好幾個婚神星獅子的人，他們在婚後依然保有固定送太太花、送太太禮物的習慣，也會跟太太去聽音樂會、去餐廳吃飯。他們會在婚姻中保持戀愛羅曼蒂克的需求，而不是結了婚就成了老夫老妻。

婚神星獅子的人對於另一半在婚後能否依舊維持光鮮亮麗很在意，所以如果你的先生或太太是婚神星獅子，你在婚後千萬不能很邋遢，在家的時候不能成天蓬頭垢面，不能結了婚就變成歐吉桑、歐巴桑——其實不是每個人都會很在意這件事，比如對婚神星金牛的人來說，只要先生出門時好好賺錢，先生在家像個歐吉桑也沒關係；又如婚神星巨蟹的人只要太太好好煮飯給他吃，好好的照顧他的生活起居，就算看起來像歐巴桑也無妨。

也就是說，婚神星獅子喜歡的對象是結婚以後依然像婚前一樣，能夠讓他們欣賞、仰慕的對象。跟婚神星獅子的人結婚的好處，在於婚姻會是一場永恆的戀愛，婚姻生活不會那麼單調、無聊。不過這個好處仔細想來也有點悲慘，畢竟婚姻就是婚姻，婚姻既不是舞台，也不是劇場，婚姻生活不可能永遠光彩奪目。所以婚神星獅子就會出現一個大問題：當婚姻生活由絢爛歸於平凡時，他們就會很容易受到婚外情的吸引。但婚神星獅子一方面難以抗拒婚外情的吸引，一方面卻很不願意離婚，結果造成外遇對象跟婚姻伴侶雙方都很痛苦——只要先生有外遇，太太一定會痛苦，如果因為外遇而離婚，就只有太太痛苦，如果有外遇卻不肯離婚，結果就是大家都痛苦。這種情形拖到最後，外遇對象通常就會受不了，不分手也得分手。婚神星獅子的人，他們找的一定是能夠讓他們尊敬的對象。但獅子座天生有一種對於婚姻的忠誠，他們婚後雖然無法抗拒婚外情的浪漫，但是他們又丟不掉對於另一半的仰慕。例如婚神星獅子的影星成龍，不管他再怎麼在外面拈花惹草，他都不會想要跟太太離婚。

我身邊有好幾個婚神星獅子的朋友，他們的太太都是老師。這是因為獅子座本來就跟教育下一代有關，而且老師是一個普遍受人仰慕的對象。除了藝人之外，大概只有老師是擁有舞台的人。有點好笑的地方在於，我有兩個婚神星獅子的朋友，他們娶的太太是高中老師，但外遇的對象卻是大學教授。婚神星獅子跟婚神星雙子都容易有外遇，兩者的差別，在於婚神星雙子通常在外頭玩一玩就算了，但婚神星獅子會把外遇發展成長久關係，而且即使跟外遇對象已經在一起了十幾年，還是會經常送花，給對方一些小小的驚喜，非常的浪漫。這些都是一種求偶的儀式，可以讓他們持續保有戀愛的感覺。

Chapter/6

婚神星處女：實際型婚姻

婚神星處女特別的地方在於：他們會把婚姻當成一份工作，把婚姻當成一個責任。婚神星處女的人不分男女，他們會尋找一個能夠符合實際需求、有用的對象。他們喜歡找能幹、會做事的人來當自己的先生或太太。婚神星處女的人不喜歡很黏人的對象，他們希望伴侶能夠具有獨立自主的能力。

他們在婚姻中很重視家中的整潔，以及各種婚姻生活中的細節，而且喜歡跟另一半共同分擔日常生活中的各種家務。如果對方沒有辦法滿足這些需求，他們就會感到很不愉快。婚神星處女的人找到的對象也常會是喜歡挑剔各種婚姻生活中細節的人，例如他們的另一半可能很在乎家中乾不乾淨、整不整齊。

我看過很多婚神星處女的女人會嫁給太陽處女。大家需要注意的地方在於，這是基於處女座特質才有的現象，它並不是一個通則。婚神星獅子的女人，未必會想嫁給太陽獅子，但是婚神星處女的女性嫁給太陽處女的比例特別高。原因在於很多人對於結婚這件事，並不是大腦仔細想過的決定。很多人很可能是基於金星、火星一時沖昏了頭，根本沒有想清楚就把婚給結了。但是婚神星如果落在處女，當事人對婚姻這件事一定想得很清楚，婚神星處女的人戀愛歸戀愛，但是除非對方符合他們對於婚姻的需求，否則他們根本不會考慮跟這個人結婚。也因為婚神星處女的人一定仔細分析過結婚這件事，所以他們很容易會選擇在實際事務上很能幹的太陽處女為婚姻對象。

我有一個婚神星處女的朋友，她就嫁給了一個太陽處女的男人。但因為她本身的太陽在雙魚，也就是說，她自己的本命星圖中就有太陽跟婚神星的一百八十度剋相，所以其實並不適合選太陽處女當先生。太陽雙魚的她很不能幹，既不會理財，也不會做家事，當她跟這個太陽處女交往時，發現對方非常能幹，生活上任何大小時都很有條理，家裡也非常整潔，這個太陽雙魚的女生發現對方精通所有她逃避了一輩子的事情，只要跟這個人在一起，所有這些事情都可以不必做了，於是決定嫁給對方。

結婚以後當然也有痛苦之處，原本散漫的她，結了婚以後就被先生管得很慘。不過雙魚雖然很會逃避，但是也很能適應，雖然婚後並沒有多開心，基本上還是很肯定她的婚姻，很肯定對方在婚姻生活中有用的一面，也很肯定對方是一個很適合她的對象。比如如果不是她的先生精打細算，她可能一輩子也不會買房子。儘管她的先生無法滿足她太陽雙魚所有愛幻想的需求，但太陽雙魚的人可以沈浸在自己的小世界中，讓對方來幫他們完成一些實際的事情。我們常會發現，比起其他互相一百八十度的星座，雙魚座跟處女座當朋友的比例很高。儘管所有互相一百八十度星座的人都容易因為能量互補而互相吸引，但不是每個互相對立星座的人都容易變朋友，例如愛面子的獅子遇到疏離的寶瓶，彼此都容易覺得對方不好相處，雙子跟人馬也很難談得來。以當朋友而論，牡羊跟天秤容易變朋友，因為一個完全以自我為中心，一個完全配合他人；處女跟雙魚則容易交朋友，因為一個什麼事情都愛管，一個什麼事情都不管。

Chapter/7

婚神星天秤：理性型婚姻

婚神星進入了天秤，就進入了看重夥伴關係的領域，但還不到願意面對深層的婚神星情緒議題，因此他們也常會尋找同樣也不想面對深層情緒議題的太陽、上昇天秤當他們的婚姻對象。

婚神星天秤在心目中對婚姻的期盼，在於和諧的關係，這種關係是建立理性而非情緒的基礎上。也因此，婚神星天秤的婚姻，會比其他人更容易停留在比較表面的層次。不過，表面不等於虛假，而是比較相敬如賓、和諧相處。不過天秤重視精神、輕視肉體，所以婚神星天秤婚姻的基礎，是建立在心智的和諧狀態，而不是肉體的和諧或情緒的深度交流。也就是說，對於婚神星天秤來說，深度情緒的議題是他們不會碰觸的。他們會避免去挑戰婚姻中的深度情緒。

當我們透過人際緣分合盤來看一對夫妻的婚姻關係，其中有一個人的婚神星落在天秤，兩個人合盤時婚神星的相位不錯的話，這對夫妻的婚姻關係通常會是和諧的。這個時候可以檢查一下他們金星、火星的合盤相位，如果不和諧，就證明了他們的婚姻關係，並不是建立在金星的情感和諧與火星的肉體和諧上；其次再看他們的月亮。如果婚神星天秤的夫妻合盤中月亮不和諧，就表示他們的婚姻缺乏深度的情緒溝通，完全是建立在相敬如賓的理性基礎，他們會在日常生活中的很多事務上維持著很和諧的狀態，看起來會是標準的佳偶，但是他們不會有很深層的情緒交流。

儘管不管婚神星落在什麼星座，都可以從這對夫妻金星、火星、月亮的合盤相位中，繼續解讀婚姻關係中是否情感、肉體、情緒和諧，但婚神星天秤的特色在於，即使夫妻兩人的金星、火星、月亮全部都不和諧，但是由於婚神星天秤本身具有和諧的理性基礎，所以他們的婚姻關係還是可以維持在相敬如賓的和諧狀態。

婚神星天秤的理性態度，有時候會出現一個很特殊的狀態：如果這對夫妻合盤的月亮很和諧，他們在情緒上很可能會很了解對方，彼此相知很深，可是他們會將月亮的情緒交流限制在跟個人有關的領域，兩人可能不管對以前的事情、以後的事情、跟他人有關的事情，全都無話不談，但是只要遇到跟婚姻有關的話題就不碰，遇到婚姻就回到天秤的理性。這樣的夫妻並不是不了解對方，但是婚姻話題他們不碰。也因此，除非婚神星剋相嚴重，否則婚神星天秤的離婚率很低。因為維持和諧的理性婚姻狀態對他們來說很重要。所以如果真的另一半有外遇，即使當事人是太陽天蠍，他們在處理這類問題時也不會表現得很歇斯底里或立刻翻臉，他們會基於婚神星天秤的理性態度，將維持婚姻和諧視為最重要的事，而把問題先擺在一邊。

婚神星天秤即使跟最不受任何束縛的天王星合相，如果單純只是婚神星天秤跟天王星合相，他們會在婚神星天秤的理性中多了一些彈性，除非跟天王星合相的同時還跟別的行星形成剋相，否則婚神星天秤通常不會考慮離婚。

婚神星天秤的人在處理婚姻問題時很有理性，不會很情緒化。他們不會只想到自己，這一點跟婚神星牡羊、金牛、雙子等等都不同，婚神星天秤的人特別會從婚姻是兩個人共同的角度為考量。如果他們覺得「離婚不好」的話，他們想的是離婚對「我們」不好，而不是離婚對「我」不好，或離婚對「他」不好。

Chapter/8

婚神星天蠍：糾葛型婚姻

天蠍座歸婚神星與冥王星共同掌管，當婚神星落在天蠍座，婚神星神話中，天后朱諾（即希臘神話中的希拉）在婚姻中遇到的種種背叛，可說是婚神星天蠍的人躲不過的劇情。

當一個人婚神星落在天蠍，他們這一生注定要在婚姻中遇到很大的挑戰。不管他們本身是不是很看重結婚這件事，婚姻都會是他們生命中的大功課。他們往往會遇到所有跟婚神星朱諾神話相關的問題，包括性、金錢、情緒，因為他們的婚神星落在考驗最大的位置。儘管任何婚姻都各有各的問題，但婚神星天蠍在婚姻上遇到的問題特別複雜、特別深。

婚神星天蠍也是最不喜歡讓別人知道自己婚姻問題的人，不管他們的婚姻遇到了多大的問題，他們既不會求助於婚姻專家，也不會找朋友哭訴，他們會將婚姻問題視為不可外傳的隱私。他們在婚姻中顯然會遇到很大的掙扎，但這些問題卻往往連身邊親近的朋友都不會知道。我認識一個婚神星天蠍的朋友，她嫁給一個上昇天蠍的男人，其實我們跟這對夫妻已經認識了三十多年，卻一直不知道他們婚姻的問題。當一對夫妻的婚姻出現問題，朋友圈中或多或少都會有一點風聲。但這對夫妻不管任何涉及婚姻的話題，從這個太太身上都看不出任何情緒，讓我一度誤以為她完全不在乎自己的先生，但是偶爾從她的話中，又可以感受到她的敏感。我查了星圖，知道她的婚神星在天蠍之後，才知道其實她是在壓抑自己的情緒。朋友圈中都隱約覺得這對夫妻一定出了問題，例如有一段時間先生經常出差，但是太太常常不知道先生去哪裡出差，頂多淡淡的回答，「難道要我去問他的女秘書嗎？」這種情形持續了一兩年之久。後來有一陣子先生跟一個工作上有業務往來的女人過從甚密，如果有人提到這個第三者，這個太太通常會輕描淡寫的說，「她喜歡來找我先生，」接著微微露出一點嫉妒，「不過找得也太頻繁了吧？」但是她顯露出來的情緒最多只到這裡，不會繼續抱怨下去。

婚神星天蠍在婚姻中遇到的問題，除非你是當事人，否則即使是身邊很熟的朋友，都很可能無法得知。儘管這對夫妻，不管是先生或太太，都對自己婚姻的口風很緊，但是當他們一起出現時，外人其實可以感覺得到他們之間的緊張氣氛。自從我知道這個太太的婚神星在天蠍之後，我才很確定所有先生的一舉一動，太太都看在眼裡，而且顯然他們婚姻中還有很多旁人完全不知道的問題。

前面在婚神星天秤的篇章曾經談到，婚神星天秤的婚姻和諧，往往停留在理性層面，但婚神星天秤的人不是不談婚姻問題，他們會談很多問題，只是不談論婚姻中比較深的問題。相較之下，婚神星天蠍的人則絕口不談任何婚姻問題。婚神星天蠍的人一定婚姻關係中有一些非常麻煩的問題，但是所有婚神星天蠍的人都不會願意討論或求助。就算身旁的人都感覺到他們的婚姻一定有問題，都感覺到他們對婚姻的不快，但是他們真的就像一隻冷若冰霜的蠍子，絕對不肯將問題說出口。

婚神星天蠍婚姻中很多糾葛都跟金錢、性有關，但不管是金錢或性，都是他們想要用來解決婚姻問題的手段，可是這些手段常常又會產生新的問題。婚神星天蠍不願意面對、不願意探討的婚姻問題，其實問題的根源就在於背叛。整個婚神星朱諾神話中探討的主題就是背叛，當一個人婚神星落在婚神星主管的天蠍座，當事人除非不結婚，否則不太可能躲得過被另一半背叛的問題。即使婚神星的相位好，也頂多代表他們不會因此離婚——在婚神星的神話中，雖然朱諾不斷的被先生背叛，但是他們始終沒有離婚。以占星學的邏輯來說，如果一個人婚神星落在天蠍，可是一輩子婚姻都沒遇到天蠍的背叛問題，婚神星天蠍就失去意義了。如果一個人來到這個世界前，選擇的是平順的婚姻關係，他的婚神星根本不需要落在天蠍。因此婚神星天蠍的人即使遇到的不是另一半外遇，他們在婚姻中也會遇到金錢議題，而且不只是單純的金錢議題，而是跟金錢有關的背叛議題。不管婚神星落在什麼星座，在婚姻中都有可能會遇到金錢問題，很多人會跟另一半一起投資做生意，有賺有賠是天經地義。但是婚神星天蠍往往另一半會在兩人共有的財產上沒有說實話，背著他們偷偷把錢賠光或賭博輸光，他們的金錢問題一定會跟背叛有關。所謂的婚約，就是婚姻雙方對於兩人共有資產的一種共識，其中包含了金錢，也包含了性，性也是一種婚姻中的資產。當其中一方背著對方違反了共有資產的共識，婚姻就失去了信任。婚神星天蠍雖然在婚姻關係中經歷很多難題，但也帶來深刻的親密關係課題。他們雖然會在金錢跟性上遭到背叛，但背叛之所以讓人如此痛苦，也意謂著他們一定在這些地方曾經跟伴侶之間擁有深刻的連結。

Chapter／9

婚神星人馬：自由型配偶

婚神星朱諾跟木星朱庇特這對夫妻，分別掌管了天蠍座跟人馬座，相對於婚神星天蠍扮演的朱諾，婚神星人馬在婚姻關係扮演的就是朱庇特。就跟宙斯（朱庇特）與希拉（朱諾）的神話故事一樣，如果你的先生或太太的婚神星落在人馬的話，你就會發現，這個先生或太太有跟沒有是一樣的。

在婚神星的十二個不同星座中，婚神星人馬在婚姻關係中需要最大的自由。很多人很容易將人馬的自由跟寶瓶特立獨行混淆，婚神星寶瓶希望的是兩個人在一起依然可以我行我素，但不代表他們接受另一半結婚以後就不見人影、遠走高飛。

我認識一對夫婦，先生是婚神星人馬，太太是太陽巨蟹，乍看之下這樣的配對應該很不適合，但是這對夫妻結婚已經三十多年，兩個人的婚姻也沒有出問題。原因在於這對夫妻的人際合盤非常協調，太太很能夠給予先生很大的空間，雖然先生幾乎永遠不在她身邊，但如果學過十二星座的人就會知道，當太陽落在巨蟹座，本來就是一個落陷的位置，所以只要先生在外面不亂搞，並且把錢拿回家，太太其實並不在乎先生不在。

婚神星人馬的人常常會有點搞不清楚當初為什麼就結了婚，就像宙斯大概也常搞不清楚當初為什麼會娶希拉。這個婚神星人馬的先生說，那個時候巨蟹還是他的女秘書，兩個人因為工作關係開始交往。有一次他從國外打電話給她的時候，她在電話裡哭了，當下他就在電話裡說，「我們結婚吧！」他們的婚姻狀態其實有點好笑。這個先生是一個非常成功的生意人，整年都在全世界飛來飛去，即使人在台灣，也未必有空回家。但也因為事業非常成功，他的太太也享有非常寬裕的物質生活。

婚神星人馬是最不受婚姻約束的人，但他們不會只准州官放火，不許百姓點燈，他們希望自己可以在婚姻中擁有很大的自由，他們也會給對方很大的自由。舉剛剛提到的婚神星人馬先生為例，他一年可能兩百多天都不在台灣，而且不喜歡太太來查他的行程，但他也從來不去查太太的行程。這是很多人做不到的事，例如婚神星牡羊，他們很討厭另一半查勤，但是他們自己卻會想知道對方在做什麼。

這對夫妻年輕的時候，每年至少過年過節或婚喪喜慶，兩人還得連袂出席，後來兩個人都已經六十幾歲，索性連這類場合都敬謝不敏，一整年都不會有任何場合需要他們以夫妻的身分出現。兩人雖然有結婚關係，但是完全不需要犧牲個人的自由。這個婚神星人馬的先生有一次告訴我，這輩子能夠擁有這樣的人生，實在很幸福。

婚神星人馬的人也有可能選擇不結婚，或者婚姻狀態很特別。例如我認識一個牧師，就是婚神星人馬，他終生未婚——也可以說，他選擇跟上帝結婚。我還認識一個婚神星人馬的人，她的先生長期在大陸工作，兩人一年見面的時間不到一個月，這件事情被八卦週刊拿去大做文章，她還跳出來回應說這種婚姻沒什麼不可以。

雖然說婚神星人馬的人在婚姻中給自己自由，也給對方自由，但不意謂著婚姻不會出問題。婚姻能否維持得下去，跟一個人對婚姻的看法，兩者並沒有絕對關係。前面舉的大半年都在世界各地飛來飛去做生意的例子，當事人的本命星圖中的冥王星獅子、土星獅子都跟婚神星人馬有一百二十度和諧相，也就是說不是光靠給雙方自由就能讓婚姻三十幾年都不出問題，如果把當事人婚神星土星、婚神星冥王星的好相位，換成婚神星天王星的剋相，婚姻狀況就不可能這麼穩定。

婚姻束縛不了婚神星人馬，他們在婚姻中特別會需要維持自由狀態，如果他們的另一半必須因為工作而經常不在身邊，他們反而會感覺很自在。他們在婚姻中需要的空間，比婚神星落在其他星座的人大很多。

婚神星人馬需要婚姻自由的情況，跟天王星七宮並不一樣。天王星七宮的人常常婚姻會出現分偶狀態，但是他們很有可能是因為外在處境而在理性上接受分偶，而非情緒上對分偶的認同。

Chapter/10

婚神星摩羯：主流型婚姻

婚神星摩羯的人喜歡符合社會主流的穩定婚姻關係，包括穩定的經濟基礎，要有小孩，而且盡可能不要離婚。他們很遵守各種婚姻中的規範，也希望雙方在婚姻中都能各自演好自己的角色。例如太太在家做好賢妻良母，先生在外努力拚事業。他們很務實，希望藉由婚姻讓雙方能夠得到實際的社會成就。

婚神星摩羯的人年輕的時候很容易受穩定、老成的對象吸引。對於婚神星摩羯的人來說，最理想的婚姻應該像是一種他們可以掌控的事業，希望自己是婚姻中的老闆。他們不像婚神星天蠍的人想要掌控另一半的情緒，他們希望擁有婚姻中的主導權，希望自己是當家作主的人。他們對於婚姻的想法是發號施令與聽命行事，而不是情感交流。他們不喜歡婚姻充滿複雜的關係與多餘的情緒，因此他們通常在情緒上會比較保留，不會過度情緒化。即使婚姻出了問題，他們也不喜歡藉由吵吵鬧鬧或歇斯底里的方式來處理。

婚神星摩羯的人重視各種婚姻的儀式與禮節，他們不會是隨隨便便跑去公證就可以的人。他們也很看重結婚紀念日，他們很重視結婚紀念日的時候對方有沒有送禮物給自己，也重視自己結婚紀念日時送對方什麼禮物。

他們對婚姻很有責任感，對於所有婚姻中的義務很盡責。對於婚神星摩羯的人來說，婚姻就像事業一樣，需要努力經營。他們非常看重婚姻的形式、法律結構與社會性功能，很多婚神星摩羯的女性願意冠夫姓，如果打電話去她們家，她們也常常接電話或錄答錄機的時候會說「這裡是某公館」，彷彿是一間公司，而不是她的家。相較之下，婚姻中的情緒與情感對他們來說不那麼重要，他們的婚姻也容易因為缺乏情緒與情感的流動而出現問題。我認識一對夫妻，先生是婚神星摩羯，太太是太陽巨蟹，這個先生就經常覺得這個太太過於情緒化。

我認識一對夫妻，先生是婚神星摩羯，太太是太陽摩羯，理論上這是很好的配對，這個太太也的確在十幾年的婚姻生活中非常盡心盡力的照顧好自己的先生。但是先生的太陽落在牡羊，跟婚神星形成九十度剋相，結婚十幾年之後出現了問題。由於摩羯太太的金星落在寶瓶，她跟一個小她很多的外國人學英文，沒想到竟然愛上對方，於是決定跟先生離婚。如果一個人的婚神星落在摩羯，當事人都會傾向不要離婚，但是這個先生閉門深思了三天想通了，於是簽字離婚。原因在於他的太太這十幾年的確非常盡心盡力，讓他非常感激，因此他願意放手，讓太太追求自己的夢想。

後來太太遠嫁國外，先生也找到了新對象再婚。嫁到國外的前妻每隔一段時間會跟外國先生回台，由於之前這對夫妻生的小孩跟著先生留在台灣，為了方便前妻可以多一點時間跟小孩相聚，這個先生很大方的讓前妻跟她的新老公住在他家，因此前妻回台灣的時候，常常會出現一個屋簷下兩對夫妻的奇特現象。

這個婚神星摩羯先生跟前妻雖然以離婚收場，但是那段十幾年的婚姻中還是受到很大的照顧。對於婚神星摩羯來說，前一次婚姻就像是雙方一起合作做了一個還不錯的案子，後來兩人的緣分盡了，就像案子結束，買賣不成情義在，兩人也可以好聚好散，另外尋覓對象另起一個不同的合作案。從這個地方，我們可以看到婚神星摩羯看待婚姻如同事業，而且不受情緒干擾的特質。

Chapter/11

婚神星寶瓶：非典型婚姻

婚神星人馬的人在婚姻中需要很大的個人自由，他們討厭婚姻帶來的束縛，即使結了婚，他們還是希望能夠愛做什麼就做什麼，即使遠走高飛不在另一半身邊也沒關係。但婚神星寶瓶不同。

婚神星寶瓶追求的是一種獨特的婚姻關係，他們可以天天跟另一半在一起，但是同時做自己想做的事。也就是說，婚神星寶瓶是在另一半眼前我行我素，婚神星人馬可能根本不見人影。婚神星人馬的人不准另一半管他，只要對方一管，他們就受不了；婚神星寶瓶的人就算伴侶天天管，他們也不在乎，因為管他也沒用，不管怎麼管，他們還是我行我素，根本不受影響。

從這個地方可以看到，其實寶瓶比人馬厲害。因為婚神星人馬的自由，前提在於對方願意配合，他們跟別人在一起的時候，對方願意不管他們，婚神星人馬才會覺得自由。但別人配不配合對於寶瓶來說根本沒有差別。

人馬一天到晚要自由，動不動就逃走，其實顯示出他們非常容易受到別人的干擾。相對之下，寶瓶根本不受干擾，所以根本不需要逃。婚神星寶瓶可以跟你一輩子在一起，天天念他都沒用。可是婚神星人馬不行，婚神星人馬很怕被念，只要一被念，他們立刻就想逃。人馬是自由，寶瓶是解放，寶瓶是革命家而人馬不是。寶瓶可以在你面前天天耗、天天槓，天天跟你唱反調。如果像人馬一樣動不動就跑掉，這種人當不了革命家。

我有一個婚神星寶瓶的朋友，她是一個工作非常勤奮的職場女強人，向來每天八九點就進公司，忙到半夜十一二點才回家。她長得很漂亮，從小就很聰明，又很努力，學業事業都一帆風順。後來結了婚以後，她也照樣每天早上一早上班，半夜才拖著疲倦的身體回家，週末經常在加班，完全沒有意識到結婚跟單身的不同，也沒有想到這樣婚姻可能會出問題。結果婚才結了三年，先生就跟她分手離婚。她一直不能理解，明明當初婚前先生苦苦追求，她才點頭下嫁，婚後除了照樣我行我素之外，她既沒有外遇，也沒有背叛，賺來的錢也都拿回家，婚後兩人住豪宅及物質上的享受，她有很大的貢獻。先生也知道她每天並不是出門亂搞，而是辛辛苦苦的為家庭付出，為什麼先生不能接受？

答案很簡單，因為這不是婚姻。如果她嫁給一個也很我行我素的太陽寶瓶，也許不會有問題，問題是她的先生是太陽天蠍，這樣的婚姻根本行不通。婚神星寶瓶的人如果婚姻出問題，他們自己其實也有責任，因為他們在婚姻中經常處於缺席狀況，等到他們發現婚姻有問題的時候往往已經太晚，已經來不及了。

也就是說，如果一個人婚神星落在寶瓶，他們跟怪人結婚反而比較好，因為我行我素在婚姻關係中往往行不通。婚神星寶瓶如果想要結婚，他們要找的是能夠非常獨立自主的對象。獨立自主跟愛自由是兩回事，一個愛自由的人未必能夠獨立自主。婚神星寶瓶只是要在婚姻中各行其是，他們不會像婚神星人馬因為愛自由，因而選擇宛如牛郎織女般的婚姻生活，婚神星寶瓶的人在婚姻中不干預對方，不代表他們願意給對方自由。婚神星寶瓶的人我行我素，也肯讓對方我行我素，但是他們不見得願意讓對方可以自由自在每天不回家，或者自由自在的在外面交男女朋友。

婚神星寶瓶在本質上並不特別喜歡婚姻生活，婚姻對他們來說，其實並沒有那麼重要。寶瓶也跟不尋常的事物有關，婚神星寶瓶的人有可能會選擇很特殊、很有特色的對象，也可能他們的婚姻本身就很特殊。很多會結同志婚姻的人，都是婚神星寶瓶。例如推動現代主義文學的重要作家葛楚史坦（Gertrude Stein），她早在二十世紀初就公然跟愛麗絲托克勒斯（Alice B. Toklas）交往，她的婚神星就在寶瓶。

Chapter/12

婚神星雙魚：超現實婚姻

婚神星雙魚的婚姻經常會跟前世宿命有關，如果相位不好的話，他們就像要償還前世因果一樣，容易在婚姻關係中所託非人。婚神星雙魚的人在婚姻中往往不願意面對真相，即使他們的婚姻長久以來一直充滿謊言，他們也不會選擇離開。由於婚神星雙魚的人沒有處理婚姻問題的能力，所以他們通常會選擇以被動的方式來面對問題。

婚神星雙魚的人有可能會結類似假結婚之類的婚。我認識一個婚神星雙魚的人就是這樣，她去日本留學之後，因為想要留在日本，於是跟一個班上日本同學談好，想要用假結婚的方式取得日本的居留權。不過可能因為想要撈一些禮金，兩個人還跑回台灣請客。由於想要假結婚的是女方，男方只是配合演出，所以當然沒有理由出錢辦婚禮，她的爸媽當然不知道兩個人是假結婚，雖然納悶為什麼男方一點錢也沒出，也什麼事都不管，但還是幫他們辦了婚禮。辦完婚禮之後男方就回日本，繼續過自己的生活，女方則待在台北，一待待了半年。兩個人沒有度蜜月也就罷了，待到後來連媽媽都忍不住擔心，後來東問西問，花了快一年的時間才總算搞清楚，原來女兒是跟別人假結婚。這種跟欺騙有關的婚姻關係，也常常會出現在婚神星雙魚的人身上。雖然她回到日本也不會跟對方一起住，但是對方願意陪她一起演出這種假結婚戲碼，其實也顯示出他們之間帶有一些宿命的緣分。雙魚常常跟失望有關，婚神星雙魚的人也容易在婚姻中碰到讓他們失望的對象——剛剛提到的假結婚案例雖然算是一種失望的關係，但是總比起遇到失望的對象要好。

婚神星雙魚的人都會希望婚姻對象能夠更特別、更超乎現實的想像。他們特別會對於婚姻對象有很高的期望，因此也特別容易失望。其實這也很符合占星邏輯。雙魚本來就跟前世記憶有關，婚神星雙魚或許在前世真的有一個完美的伴侶，可是這輩子他們一直等不到這個人。前世記憶很麻煩的地方在於，這輩子不管跟多好的對象結婚，他們內心當中都會覺得現在這個人跟他們靈魂記憶中的理想對象就是不像。

婚神星落在雙魚並不代表當事人婚姻狀況一定不好。如果婚神星雙魚本身有很多好相位，他們的婚姻本身很可能好得很，但婚神星雙魚的人即使婚姻狀況很好，他們都會覺得眼前的另一半不是自己心目中的理想對象。他們的真命天子、真命天女彷彿還沒有出生。他們永遠對於婚姻會有失落感。

PART 3

婚神星宮位——現實婚姻演出的舞台

婚神星是一種對於婚姻的認同。當它落在不同的宮位時，代表的是一個人在現實生活中，他們會將婚神星能量展現在什麼樣的情境舞台。例如婚神星六宮的人容易嫁上司或下屬，婚神星十宮，會跟另一半在事業上有交集，而且容易因為婚姻而受益。

想看一個人會跟什麼人結婚，婚神星宮位會比婚神星星座影響力更大。婚神星落在什麼星座，代表一個人對於婚姻性質的看法，而宮位則會牽引出實際事件。例如人馬跟九宮都跟異國有關，婚神星人馬的人對外國人、外國事務有興趣，但是他們不見得會跟外國人結婚，相較之下，婚神星九宮跟外國人結婚的機率更高。

星座、宮位、相位，三者是占星學的三大結構，從婚神星落入的宮位中，往往可以很明顯的看出當事人會在什麼地方遇到婚姻緣。例如當一個人的婚神星落在跟自我最有關的一宮時，他們都會因為對婚姻的配合度不高而遇到困難，但怎麼展現對婚姻配合度不高的形式，則會隨婚神星落入的星座而有所不同。又如婚神星落入跟前世因果有關的十二宮時，當事人這輩子在現實生活中的婚姻緣往往比較不順，從十二宮婚神星的相位中，則可以進一步分析出姻緣到底怎麼不順的情節。

Chapter/1

婚神星一宮：跟自己結婚

婚神星如果落在一宮，這是一個對女性特別困難的宮位。婚神星一宮出了很多不婚族或老處女，很多的女性立委或者女性高官會有這樣的宮位，因為她們等於是嫁給自己，而不是嫁給別人。婚神星一宮的女性特別能幹，而且非常的獨立，因此很不容易結婚，也容易在婚後遇到很大的困難。因為她們不願與人一起承擔婚姻中的婚神星領域中的種種細節，尤其無法應付因為婚姻而帶來的性、金錢、權力的糾纏。

對於婚神星一宮的男性來說，他們最大的問題，在於他們容易有跟配偶相處的障礙。但父系社會畢竟對男性比較有利，儘管婚神星一宮的男性會有跟配偶相處的障礙，可是不見得會因此結不了婚。但他們結了婚以後，婚姻關係卻有如浮萍一樣，往往會停留在很表面的狀態，因為他們在婚姻關係中缺乏耐心，無法承擔婚神星帶來的艱難人際課題。相較之下，如果一個人的婚神星落在七宮，他們就會是在婚姻中配合度很高的人。

當一個人的婚神星落在本命星圖的一宮時，儘管他們不容易跟伴侶建立起深入的婚姻關係，可是他們卻非常擅於與一般人相處，他們往往具有公關天分，也特別有外交手腕。也就是說，婚神星一宮不利於深刻糾葛的婚姻關係，但是卻對泛泛之交格外有利。我認識一個跨國品牌精品公司的公關，她的婚神星就落在一宮，又落在天秤。因此她很能建立一般的表面友善關係，但是會逃避也討厭複雜的關係。這個相位雖然不利於婚姻，但是其實特別利於經濟獨立、個性自主的女性，從某個角度來說，我們也可以說，她們從一出生就嫁給了自己，因為她們自知自己並不特別想結婚，也不會因此感到焦慮。她們絕對不會像婚神星七宮的女生一樣，才二十幾歲就擔心自己會嫁不掉。

又如我有個朋友是五十幾歲的不婚族，其實他有很不錯的交往對象，但還是不肯踏入婚姻中。婚神星一宮的人因為很清楚婚姻會帶來的種種麻煩，因此對於婚姻的抗拒心最強。婚神星一宮的人往往會是大家很好的朋友，他們會享有很多很不錯的友誼關係，但是再好、再多的友誼，它們在人際關係的靈魂課題中，都比不上一次婚姻來得深刻。

Chapter/2

婚神星二宮：視婚姻為財產

婚神星二宮的人常會先決定結婚條件，再去找適當的結婚對象。他們會為了擁有一個丈夫或妻子，而去尋找對象。相對於八宮的共有資源，二宮是個人資源之宮，婚神星二宮的人最容易將婚姻及配偶視為擁有物，而不會將婚姻視為分享的過程。婚神星二宮的人會將婚姻視為一個人的事，他們不會像婚神星八宮會視婚姻為兩個人共同的事。

例如我認識一個婚神星二宮的人，他跟人相親時，第一次見面就決定要跟對方結婚，因為對方符合了所有他的需求條件。

也因為二宮是個人的資產宮，所以婚神星二宮的人也很適合做金融、投資、財務相關領域的工作。我認識一個婚神星在天蠍又落在二宮的人，他就是一個跟天蠍又跟二宮很相關的銀行總經理。他一個人在台灣工作，太太跟小孩都住在加拿大，其實他在台灣有跟人外遇，還生了一個私生女，但是婚神星二宮的人會將婚姻當作重要的投資，因此儘管他在台灣有別的對象，他們還是不肯放棄原本的婚姻。

又如國內有一個已婚的男主持人，他跟他的合作夥伴發生外遇，儘管他的太太住在美國，但是他還是表態絕對不可能離婚，因為他的太太符合他的婚姻需求條件，因此他不希望太太改嫁別人。

婚神星二宮對婚姻有強烈的執著，他們一旦結婚之後，就會基於實際考量而很不願意離婚，因此婚神星二宮非常適合希望婚姻穩定的人。可是不離婚不代表一定不外遇，婚神星二宮的問題就在於，他們將婚姻視為投資的同時，往往無法兼顧婚姻原本應有的深刻情感需求，因此容易從婚外情中尋求滿足，因而引發複雜的情感糾葛。

Chapter/3

婚神星三宮：視伴侶為室友

三宮代表基礎教育、兄弟姊妹與近在咫尺的日常生活環境。當一個人婚神星三宮，代表他們比較容易跟同學（從小學同學到研究所同學都有可能）、鄰居或同事，這些日常生活中宛如手足的人結婚。

婚神星三宮的關係奠定在日常生活中的互動多、互動好，通常婚神星三宮一開始的交往都很平淡，藉由日常生活的互動彼此相熟之後，再慢慢發展出親密關係。婚神星三宮的人對配偶的主要條件是必須談得來，他們需要的是一種同伴、同儕關係式的婚姻關係。他們喜歡跟配偶一起去做一些經常性與日常性的活動，喜歡花很多時間跟另一半相處，從事共同的活動，但是他們不喜歡追求深刻關係，也不喜歡關係變得複雜，即使結了婚以後，他們跟另一半也不太像在過婚姻生活，反而比較像室友。也因此容易造成婚姻的不穩定，有多婚的可能性。

我認識一個記者，他就因為工作的長時間朝夕相處，跟一個同事結了婚。後來他去念研究所，日常生活最常往來的對象變成了同學而非同事，因此他就跟一個研究所同學發生婚外情，結果後來跟太太離了婚，跟研究所同學結婚。

婚神星三宮的婚姻對象需要跟他們的日常作息有關，他們在日常生活中必須塞滿兩個人的活動，否則依照他們不追求深刻關係的傾向，他們很可能會只求跟相處時間最長的對象在一起，用新的婚姻取代舊婚姻，對他們來說並不困難。例如英國王妃黛安娜，她嫁入皇室住進查理家，兩個人其實就跟室友差不多，但後來她跟教練、醫生相處的時間比跟查理還要長，所以就跟這些人發生了外遇，後來跟查理離了婚。

Chapter/4

婚神星四宮：為家人而結婚

四宮跟一個人的「根」有關。婚神星四宮是一個非常特殊的位置，它代表當事人會嫁給「自己的家」。婚神星四宮的人往往從小會跟家中某人特別親近。如果當事人是女性的話，她們小時候可能會跟爸爸或祖父特別親近；如果當事人是男性的話，他們小時候則可能會跟母親或祖母特別親。

婚神星四宮的人容易對家中某個特定的人有著奇怪認同，因而受到對方很強的影響。婚神星四宮的人家庭意識極強，他們常常會一輩子離不開原生家庭，常常會將配偶納入原先的家庭中。因此他們可能會採用入贅來聯姻，或者沾親帶故選擇遠親或遠房世交當婚姻對象。這裡所說的遠親，並不見得代表他們有血緣關係，我認識一個婚神星四宮的人，她的曾祖父是她丈夫祖父的老師，她丈夫的祖父，甚至還幫她的曾祖父代題了墓誌銘。

此外，婚神星四宮的人也常會為家人犧牲奉獻到不可思議的地步，他們常常會為了家人而結婚。也因此，婚神星四宮的另一半，常常會是必須負擔婚神星四宮全家家計的人。例如我母親的婚神星就在四宮，她為了負擔娘家的家計，所以一畢業就嫁給了我的父親。而我父親娶了她以後，他幾乎所有的活動都圍繞在母親的家族，而且扮演了金主角色。

Chapter/5

婚神星五宮：為子女而結婚

五宮是創造力之宮，它跟戀愛與子女特別有關。

五宮的創造力也包含了遊戲、運動與藝術，婚神星五宮的人對自己的各種嗜好很重視，他們對於可以引發創作熱情的事物很有興趣，所以婚神星五宮的人就像嫁給了藝術或運動一樣，他們很適合從事表演工作，或者當運動員。

結婚生子對婚神星五宮的人來說，他們最重視的是婚姻裡的小孩，對他們來說，婚姻本身反而沒那麼重要。他們雖然常為了戀愛而結婚，但也容易在婚後感到失望，因為發現結婚跟戀愛是兩回事。

他們也常會是先有後婚的人，甚至有時候，婚神星五宮的人如果未婚懷孕，即使雙方沒什麼愛情，他們也會為了這個小孩而結婚。就算離了婚，他們也一定要擁有小孩，即使是男性也一樣。我有個婚神星五宮的朋友，他在一間大公司擔任很高的職位，他在離婚之後，也一個人負擔起養育兩個女兒的重任。

婚神星五宮的人特別會將婚姻與戀愛劃上等號，如果他們發現婚姻中戀愛熱度不再，他們就容易再去找能夠點燃他們戀愛熱情的人來當婚姻對象。無論男女，婚神星五宮的人跟小孩相處就像在談戀愛，他們會在小孩身上花大量時間來陪伴小孩。他們特別享受跟小孩的互動，並且對小孩的熱情長期不減。他們很在乎小孩，跟小孩的關係很特殊。如果沒有小孩的話，他們會覺得很遺憾。因為在婚姻中，唯一可以讓人熱情不減的事情，其實只有養小孩，他們很需要靠小孩來維繫婚姻的熱度。

Chapter/6

婚神星六宮：跟工作結婚

六宮跟工作有關，如果一個人婚神星落在六宮，代表他們的對象容易出現在工作領域，他們的另一半常跟他們有密切的工作關係。他們容易跟上司或下屬（但未必是直屬的上司或下屬）結婚，但是婚神星六宮的特質，在於雙方在某種程度上會具有一種主僕特質，他們雙方並不會是平行的同事關係。例如他們可能是導演與演員、總經理與秘書、記者與總編輯這類的關係。

我認識一個婚神星在人馬，又在六宮的人，一直未婚的她在一間貿易公司（國際貿易跟人馬有關）工作了近三十年，等於是嫁給了這間公司。她擔任老闆的秘書，跟老闆夫妻倆的關係極為親密。甚至後來老闆娘過世之後，她還真的嫁給了老闆。另一個婚神星六宮的例子是我認識一個在美新處工作的人，後來她嫁給了處長。他們也有可能會跟因工作而產生關聯的對象結婚。例如有工作往來的客戶，或者是記者去採訪大老闆，結果後來跟被訪的大老闆結婚。

當一個人的婚神星落在六宮，他們其實就像是嫁給了工作一樣，他們常常會是工作狂，而且對服務性質的工作感興趣。但六宮工作宮跟十宮事業宮的不同，在於婚神星六宮的人很辛勤工作，很看重工作成績，但他們不見得很有事業野心；婚神星十宮的人則很有企圖心，但他們未必會很辛勤工作。

此外，前面婚神星三宮的地方提到，婚神星三宮的人喜歡跟另一半一天到晚一起做很多生活中的活動，而婚神星六宮的人則喜歡跟另一半一天到晚兩個人在一起工作。

婚神星往往會帶來很重要的親密關係，不光只是實質的一紙婚約。例如我的朋友胡因夢，她的婚神星就在六宮。她翻譯的時候一天可以翻譯十幾個小時，而且一本書的書稿可以校對十五次，她的另一半則負責幫她打字，以及處理各種跟電腦有關的事情，他們常常兩個人從早到晚都一起工作。

Chapter/7

婚神星七宮：為結婚而結婚

當一個人的婚神星落在七宮伴侶宮，代表他們會很看重婚姻對象，婚神星七宮的人不論男女，他們都會覺得婚姻很重要，除非婚神星七宮位在寶瓶，又有剋相，否則婚神星七宮的人都會很想結婚。

婚神星七宮的人願意為婚姻犧牲，也願意承受婚姻的問題。他們很容易由交往走入婚姻，因為他們會將所有的重要交往對象，都列入婚姻的考慮名單，但他們常有的問題，也在於他們容易因為不夠理性，因而娶或嫁給不適合的對象。

婚神星七宮的人常常不是為了戀愛而結婚，他們容易因為被追求而結婚。他們只要跟人交往，就會很認份，不容易脫離一對一關係，因為他們不願意分手。如果他們結了婚的話，也會比較不想離婚，因此他們往往願意忍受婚姻中的種種問題。

我有個太陽雙魚、婚神星在天秤座又落在七宮的朋友，她不但外表動人，娘家很有錢，她的事業也非常成功，擁有數十億身價。她的丈夫是她的大學學長，也是她的初戀情人，他們夫妻一起出現時，她在丈夫面前總是一副小鳥依人的模樣。但她的先生是個太陽天秤，在十五年的婚姻中有四到五次的重大外遇，還階段性的跟外遇對象同居。但婚神星天秤又在七宮的她，面對先生的外遇總是非常理性，而且絕不離婚。

不過如果婚神星有嚴重剋相的話，雖然他們不想離婚，但是還是很可能會離婚。對於婚神星七宮的人來說，離婚是一個很大的打擊，他們容易因此一蹶不振，甚至離了婚也不告訴大家。

Chapter/8

婚神星八宮：為資源而結婚

八宮是他人資源之宮，包含了金錢、社會資源、明確利益，以及重要的好處。如果一個人的婚神星落在八宮，他們最容易跟能夠提供他們資源的人結婚。尤其對於女性來說，婚神星八宮往往意謂著她們會嫁有錢人。很多婚神星八宮的人會娶總經理的女兒，也有的人會為了取得居留權而跟對方結婚。我認識一個婚神星摩羯又落在八宮的人，他原來是法院推事，但因為娶了大法官的女兒而平步青雲，一路升書記官、檢察官。

婚神星跟一個人的婚姻狀況有關，因此即使沒結婚，也必然是元配。例如同志婚姻合法化之前的同志伴侶，雖然不具法律保障，但只要形同夫妻住在一起，而且可共同支配金錢，這就可以稱為婚神星關係。相較於婚神星的元配正室關係，很多金星八宮的人會是被包養的情婦，從這裡就可以看出婚神星與金星的差異。

婚神星八宮跟婚神星二宮剛好相反。婚神星二宮的人常常會將婚姻及配偶視為自己的擁有物而不願放手，婚神星八宮的人則會視配偶為資源提供者，他們很重視配偶能夠提供的資源。由於二宮是自己賺取的自我資源，而八宮是跟性、權力、金錢有關的他人資源，所以因為八宮而跟他人起糾紛的機率，遠比二宮要大很多。此外，婚神星二宮跟背叛並無直接關聯，但婚神星八宮則必然與背叛有關，不管是他們背叛對方，或者是他們被對方背叛。

對於婚神星八宮來說，金錢會是他們婚姻中的重要主題。如果婚神星八宮受剋，當事人就容易因為配偶而造成夫妻的共有財產損失。不過，婚神星八宮都有得到配偶財的緣分，即使如果相位不好，他們會得而復失，但是一定會先有得，不會完全沒有拿到配偶財。

不過如果相位不佳，婚神星八宮的人婚後的性生活也常常很有問題，他們常會出現性關係不佳、性冷感的困擾。

Chapter/9

婚神星九宮：為理念而結婚

九宮跟異國與宗教、高等學問有關，當一個人婚神星落在九宮，他們的婚配對象容易是外國人（在台灣嫁給外國人），也容易有在國外結婚的緣分（在國外嫁給台灣人），或者他們可能會跟老師、教授、啟迪智慧的上師結婚，或者嫁給牧師。

九宮代表的是行萬里路讀萬卷書，不管是跟外國人結婚，或者有外國婚姻緣，婚神星九宮都可說是一種希望藉由異國文化或外國人，帶來深度的內在需求。他們都會希望與配偶之間，能有具有很有深度、很有啟發性的心智交流。

婚神星九宮的人討厭很黏人的對象，他們需要在婚姻生活中保有自己的空間。因此他們其實比較不那麼在乎婚姻關係，他們可以接受獨立、彈性、各過各的婚姻生活。

Chapter/10

婚神星十宮：跟事業結婚

十宮是社會舞台，它常被視為一個人的事業宮。

十宮事業宮跟六宮工作宮、七宮夥伴宮不同。婚神星六宮的人跟婚配對象之間，常常會有上司與下屬關係；婚神星七宮的人，他們則跟婚配對象之間，具有一對一合夥人的對等情況；當一個人婚神星落在十宮，他們的婚配對象就常常跟事業有關，他們的婚配對象有可能是因為事業而認識的人，彼此在事業上相關聯，但又不是一對一的合夥關係。他們也可能會因為事業有共同關係，因而婚後一起經營一個事業。

我的婚神星就落在十宮，我跟我先生當時都在電視圈工作，我是編劇，他是製作人。

婚神星十宮的人有嫁給事業的傾向，他們常常會對事業特別認真。而且這種傾向在婚後會比婚前更明顯。

他們也可能會透過伴侶，讓自己的事業再晉級，或者因為對方跟自己有重要的事業互惠，後來兩人乾脆結婚。

此外，也因為十宮是社會舞台，因此婚神星十宮的婚姻關係會是一種公開的關係，公眾很容易會都知道他們是一對。而且他們的配偶常常會具有某種程度的大眾形象，常常會被公眾認識。而婚神星十宮的人也常因為嫁給了社會舞台，他們容易在社會舞台上得到重要的位子，成為重要的角色，他們往往好像會被名氣找上門一樣，命中註定比較容易出名。

相較之下，如果一個人是太陽十宮，由於太陽代表的是一個人顯意識想要追求的人生目標，因此他們會很努力的想要出名，他們的名氣，也常會跟努力、形象、意志及管理有關，他們不像婚神星十宮的名氣常常來得莫名其妙。

Chapter/11

婚神星十一宮：跟志業結婚

十一宮是志同道合的志業宮，婚神星十一宮的人，常常會跟另一半結為一種同志愛人型的婚姻關係，他們容易在社交團體或社會性組織中遇到他們的伴侶，他們也有可能會跟另一半一起成立具有社會公益目的或革命性質的組織。

婚神星十一宮的人不太喜歡一對一的婚姻關係，他們不需要老是黏在一起。我就有認識婚神星十一宮的人，他們連蜜月旅行都帶著一群朋友同行。

對於佔有欲特別強的人來說，婚神星十一宮的人可能不會是太好的對象，因為他們喜歡的是一堆人的關係，他們不覺得婚姻必然是一對一關係，也就是說，婚神星十一宮是少數可以接受多夫或多妻婚姻可能性的人。例如猶他摩門教的創始人楊百翰（Brigham Young），多妻制度信仰者的他至少有五十五個妻子，他的婚神星就在十一宮。

Chapter/12

婚神星十二宮：跟宿命結婚

在所有婚神星的婚姻關係中，婚神星十二宮的情況最為複雜，它代表著這輩子的婚姻關係跟輪迴業力有很大的關係。在這段婚姻中，當事人或者當事人的伴侶必須扮演犧牲者的角色，其中又以當事人扮演犧牲者角色的機率較高，當事人的配偶有可能是殘障、有慢性病，或者有其他必須受人照顧的狀況。當一個人的婚神星落在十二宮，代表當事人受到過去世某些事件的強烈影響，因此這輩子必須為這個人犧牲。當事人往往不知道為什麼非得跟這個人結婚不可，會有很強烈的命定感覺。尤其是婚神星在十二宮又有剋相，當事人必須要特別小心婚姻關係中的傷痛。

不過，婚神星十二宮剋相的傷痛並非來自於背叛，它往往來自於當事人要為配偶犧牲，或者是配偶要為他們犧牲，或者是配偶會發生一些不幸的事情，尤其是婚神星在十二宮又跟天王星或冥王星形成剋相。

婚神星十二宮受剋的人，他們往往在婚姻關係中必須經歷很多創傷，他們彷彿命中註定要經歷很古怪而傷痛的伴侶關係，當事人無法了解也難以掙脫。也就是說，婚神星十二宮的剋相，與其說是婚姻課程的學習，不如說是靈性課程的修行。

我認識一個婚神星在十二宮的人，他原本另有相愛的女友，但是卻因為某些不得不然的強烈宿命驅策力，因而娶了另一個人。儘管他的太太在結婚前一切正常，而且條件很好，但結婚以後卻發現她罹患重症。

十二宮具有非現實性的特質，它常跟前世業力有關，不管是償還業力或者靈魂的發願，當一個人的婚神星落在十二宮，代表當事人這輩子在婚姻中要學習的不會只是一般的夫妻之愛。他們這輩子的婚姻跟前世有很深的連結，或許當事人前世做了什麼對不起對方的事，因此這輩子必須要在深刻的夫妻關係中，以難度更高、更超越夫婦之愛的方式來償還。

對於婚神星十二宮的人來說，他們是以婚姻為基礎，學習超越婚姻關係。透過支持、奉獻、犧牲，從中學習無條件的大愛。

因為婚神星十二宮往往跟前世業力有關，除非生離死別，否則特別難以掙脫。十二宮的功課是一種靈魂的承諾，因此婚神星十二宮的人就算必須要為伴侶做出很大的犧牲，他們也會不離不棄。

婚神星十二宮的婚姻關係絕非一般夫妻的緣分。他們不容易結一般的婚，有可能跟原本應該結婚的人在婚前生離死別，也有可能結不成婚——他們不是不結婚，他們往往可能心中有對象，卻因為種種原因而無法結婚。這會隨婚神星跟不同行星形成的相位而不同，如果婚神星十二宮是跟天王星形成剋相，當事人常常會結不成婚，如果是跟土星或冥王星形成剋相，則通常可以結成，但他們在婚姻關係中必須付出很大的犧牲奉獻，冥冥中會有一種被迫的感覺。

在婚神星十二宮的婚姻關係中，不只是當事人，包含當事人的配偶，雙方都要在婚姻關係中學習相互犧牲奉獻，夫妻關係也有命運的挑戰，當事人都會感覺到關係中的不尋常，背後有其神祕因素。

不管相位好壞，婚神星十二宮的婚姻中，即使因為相位好而犧牲的成分較少，但也必然會帶有一些犧牲。婚神星十二宮的婚姻，一定會是不平等的婚姻關係，當事人會發現婚姻關係中特別需要犧牲奉獻，而且往往會明顯知道配偶不是自己本來想要的理想類型。他們的婚姻背後有無法拒絕的處境、不可抗拒的因素，他們是因為命運的強大力量而形成了婚姻關係。

PART 4

婚神星相位——婚姻道場演出的情節

結婚、不結婚，離婚、不離婚，婚神星的相位很重要。

舉例來說，如果大家身邊有一些一九六五年生的朋友，不妨觀察一下，那一年婚神星長達大半年都落在寶瓶，如果剛好他們的太陽落在金牛、獅子、天蠍，就等於是本命星圖中自己就有太陽跟婚神星的九十或一百八十度剋相，這些人離婚的比例就會很高。

本命星圖中婚神星好相位的重要性，在於當一對夫妻遇到行運帶來的剋相時，這對夫妻不會兩個人同時陷入低潮而想要離婚。婚神星的好相位無法防止外遇，但是婚神星的相位好壞，會決定是否會出事，例如我有一群婚神星牡羊的朋友，他們在行運天王星、海王星跟本命婚神星形成剋相時都很不乖，演出了很多婚外情的問題劇情，但是在這群人之中，本命星圖婚神星相位不錯的人，後來都安度了難關，而本命星圖婚神星相位不好的人，他們的婚姻都無法通過考驗。其實行運天王星、海王星跟本命婚神星剋相的力道雖大，但是它們都未必非得攤牌，也不一定會離婚，如果離婚，必然是本命的婚神星有剋相。

婚神星是一種以兩個人為整體，對婚姻的觀念與認同，它跟情感的往往關係並不大。例如同樣兩個婚神星金牛的人，一個本命星圖中婚神星金牛與土星寶瓶形成九十度剋相，一個本命星圖中婚神星與冥王星摩羯形成一百二十度和諧相。前者可能結婚了十幾年都不愉快，可是拖了十多年都一直不離婚，但是可能會在行運天王星進寶瓶，跟本命婚神星金牛九十時下定決心，乾脆離婚；後者在行運天王星進寶瓶，跟本命婚神星金牛九十時可能婚姻也會出問題，但是本命的婚神星冥王星的好相位，會讓他們在這段婚姻低潮期依舊不會放手，因而得以度過難關。

有的人因為婚神星相位的關係，他們的婚姻比較難以長久，但是這個情況未必會為他們帶來極大的痛楚。他們很可能結了婚之後半年、一年就離婚，他們可能會因為婚神星的剋相，完全在婚姻關係中所託非人，婚姻緣很壞。但是婚姻緣很壞不見得一定在婚姻中很受苦。他們當然在離婚的那段時間很痛苦——只要是離婚，不可能會有人不感到痛苦——可是他們很可能只要離了婚就沒事了。甚至很多婚神星受剋嚴重的人，可能吃了一次離婚的苦頭之後，他們就再也不打算結婚，當然也就再也不會因為婚姻而吃苦頭了。可是有很多天蠍或八宮很強，或者是冥王星有相關剋相的人，可能一輩子在婚姻關係中吃苦，但是沒有離婚。

所以在研究婚神星跟在婚姻中吃了多少苦頭之前，我們一定要先要建立一個觀念：婚姻痛不痛苦跟離不離婚是兩回事。不能光憑當事人有沒有離婚，做為是否因為婚姻受苦的唯一指標。

Chapter/1

婚神星與太陽的相位

太陽與月亮本身就跟男性、女性有關，也特別關乎男性與女性的自我形象，因此婚神星跟太陽形成的相位中，會隨當事人是男性或女性，而有不同的情境。

但無論男女，由於太陽代表的是顯意識想要達成的目標，所以當一個人本命星圖中婚神星跟太陽形成相位，他們都會將婚姻當成生命中的重要主題。如果相位不錯的話，和諧的婚姻會是他們生活的基礎，他們會扮演好自己的角色，而且盡可能不離婚。例如影星成龍就有太陽跟婚神星的一百二十度和諧相，雖然他花名在外，稱不上是個理想配偶，但他的確有努力在做一個理想丈夫，例如他把自己賺來的財產都過戶在太太名下。雖然他對太太並不忠實，但他對婚姻制度很忠實。

當一個男性的婚神星與太陽有相位時，代表當事人的自主性與個體性不受婚姻約束，他們在婚後仍然可以做自己，而且不會因此損及婚姻的和諧。如果形成的是好相位的話，當事人會強烈的想要在婚姻中扮演好理想丈夫的角色，即使有其他剋相，他們可能實際上沒辦法真的當個好丈夫，他們也不會想要離婚，因為離婚的話，就一定不會是理想丈夫了。對女性來說，婚神星與太陽相位不錯的女性，她們容易在婚姻中遇到能夠相互支持，可以照顧她們的對象。

太陽代表一個人的顯意識目標，當一個人的太陽跟婚神星有好相位時，代表當事人太陽的顯意識會對婚神星的婚姻關係負責，因此他們會努力的維持婚姻關係的和諧。即使當事人的婚神星可能因為跟天王星形成剋相而無法讓婚姻穩定，但是他們都會努力維持婚姻關係。我認識一個婚神星跟太陽一百二，但婚神星又跟天王星一百八的人，婚神星與天王星的一百八十度相位使他的婚姻生活常常處於分偶狀態，他的太太曾經因故長期不在台灣，後來太太回到台灣，他們也互相給對方很大的自由，但婚神星跟太陽的一百二十度相位，使他一直維持著已婚男人的理想形象，從來不會藉機在外花天酒地。

太陽代表了生命中的重要男性，對於一個男性來說，太陽常常代表了他自己，對於女性來說，太陽則常常代表她的先生。太陽跟婚神星如果形成的是正面相位，代表太陽本身已經建立起強烈的自尊，因此太陽與婚神星形成正面相位時，太陽會有足夠的能力扮演好照顧妻小的角色，能夠很負責、很勤奮的擔任起養家的責任。太陽的負面相位，則代表太陽並沒有獲得很好的發展。如果一個女性的婚神星跟太陽形成剋相，她們常常會遇到很自我中心、很幼稚、很不負責任、很孩子氣的另一半；如果一個男性的婚神星跟太陽形成剋相，他們就常常會在婚姻中會扮演很自我中心、很不負責任的角色。

不管是精神上或物質上，婚神星跟太陽形成了九十度剋相，都意謂著丈夫不會好好扮演一家之主的角色。原因在於太陽跟婚神星的剋相，代表太陽不在乎能否勝任婚姻中的一家之主。如果一個女性的太陽與婚神星形成的是一百八十度剋相，她們則容易遇到無法當正常丈夫的男性。如果一個女性的婚神星與太陽形成了剋相，她們婚後很可能不但得自己張羅房子，還得要面對先生不工作的狀況，即使嫁的是賺大錢的男人，但是丈夫並不會扮演理想丈夫。她們都會與男性有相處困難的問題，她們的婚姻也容易出問題。不過，這不意謂著她們一定會離婚，因為離不離婚得視婚神星本身位於星座的屬性而定。假如婚神星位在很特立獨行的寶瓶座，她們就比較容易離婚；假如婚神星位在比較重視社會觀感的摩羯座，她們就比較不容易離婚。不過，即使她們沒有離婚，她們也一定有過這個念頭，她們會知道她們的另一半並非理想丈夫、一家之主。

對男性來說，如果太陽跟婚神星出現九十或一百八十度剋相，代表太陽無法融入婚姻應有的正統形象，因此無法扮演好丈夫的角色。例如他們可能會像小孩而不像丈夫，或者過度陰性、個性女性化，也可能他們對於在婚姻中扮演丈夫角色這件事，感覺壓力特別大。例如美國第一個因為接受變性（男變女）手術而廣為人知的克莉絲汀約根森（Christine Jorgensen），她就有太陽婚神星九十度的準確剋相。

當一個女性的太陽跟婚神星形成剋相，如果當事人的太陽位在陰性星座，她們的問題往往會反映在配偶身上，她們往往會因為丈夫無法扮演好丈夫、陽性的角色而出現婚姻問題；如果當事人的太陽位在陽性星座，她們就容易因為自己過度陽性，因而造成婚姻的困難。例如知名女權運動者葛羅莉雅史坦能（Gloria Steinem）她太陽就在牡羊座四度，跟摩羯座五度的婚神星形成了很緊密的九十度剋相。終身致力於女權運動的她，直到六十六歲才結婚。

Chapter/2

婚神星與月亮的相位

當一個人的婚神星與月亮形成相位，在婚姻關係中，當事人會很在乎情緒與安全感能否得到足夠的支持。如果形成的是和諧相位，當事人不分男女，他們都會對別人比較關懷。

如果女性的婚神星與月亮形成和諧相位，代表她們會給配偶足夠同理心，她們很能夠安慰、支持另一半，並且建立起很親密的婚姻關係。如果男性的婚神星與月亮形成和諧相位，他們則容易遇到願意給予情緒支持，並建立親密婚姻關係的太太。

但如果一個女性的婚神星與月亮形成的是不和諧相位，她們就容易在婚姻中有強烈的不安全感，很怕會被拋棄，因此會在情緒上過度依賴、佔有，或者無法跟對方有真正的親密情緒互動，如果配偶的星圖也同時顯現出相關狀況時，這個相位也有可能會造成生育困難。

當一個男性的婚神星與月亮形成剋相時，他們就常常會在婚姻關係中遇到容易歇斯底里、沒有安全感的女性，或者是過於冷漠、無法提供情緒支持、不像女性的對象。而他們自己在婚姻中，也常會有親密的困難。例如我認識一個政治人物，他就有婚神星與月亮九十度的剋相，他每天早上六七點就已經有工作行程，一直要到半夜才會結束，他跟太太之間，當然很缺乏親密互動的時間。

婚神星跟月亮形成的剋相，會特別呈現出婚姻中月亮的敏感與脆弱的一面，但它不代表當事人本身對任何人或任何事都很敏感、脆弱。

婚神星跟月亮形成的剋相，隨著月亮位在不同的星座，身為妻子的一方會在婚姻中出現兩種不同狀況：如果月亮是位在牡羊這種爆發力很強的星座，她們就會因為不安全感而變得歇斯底里；如果月亮是落在寶瓶這類比較疏離的星座，她們的情緒就可能會完全隱藏、完全壓抑。

Chapter/3

婚神星與水星的相位

當一個人的婚神星與水星形成相位，心智溝通與言語溝通對他們的婚姻很重要，他們會很受聊得來的人所吸引，而且不光是語言本身，還包括言語溝通中的親密感。

如果當事人的相位不錯的話，代表他們容易受這樣的人吸引，也容易遇到這樣的對象。他們在婚姻關係中，有可能自己會是一個重視心智、思想的配偶，也可能會深受這種配偶的吸引。例如我的婚神星跟水星之間有六十度的次和諧相，我跟我先生之間的關心、關懷，都會用言語來表達，而且我們夫妻之間聊的也都是日常話題，而非高深學問。

此外，如果一個人的婚神星跟水星形成了好相位，也代表當事人在日常生活中，適合從事老師、諮商者或業務員之類的工作。婚神星與水星的好相位，代表當事人在婚姻中具有理性的特質與理性化的能力，他們的婚姻生活中會具有某種程度的公關與外交特質。同理，他們在日常生活中也會很擅長公關與外交。

如果一個人的婚神星跟水星形成了剋相，他們在婚姻中就容易出現溝通障礙，容易為了小事而爭執吵架，甚至跟配偶之間會有心智上的鬥爭。他們在日常生活中也容易出現類似的狀況。婚神星與水星剋相帶來的往往都是非理性的心智衝突或冷戰。

Chapter/4

婚神星與金星的相位

當一個人的婚神星與金星形成相位，代表美、浪漫對當事人的婚姻很重要，他們在婚姻中會很在乎戀愛的感覺。

如果相位不錯，他們可以在婚姻中加入很多浪漫成分，進而創造出美好的婚姻關係。他們會在婚姻中保持自己的吸引力，不會因為老夫老妻而變成黃臉婆或大老粗。例如我認識一個婚神星與金星一百二十度的人，他結婚了二十多年，每年的結婚紀念日都必然會跟太太共進燭光晚餐，太太生日時，他也必定會送花。

當一個人婚神星跟金星有好相位時，當事人都會努力想要取悅伴侶，對對方很溫柔，他們都會覺得扮演好美麗角色，在婚姻中很重要。也就是說，他們在婚姻中，仍會扮演好戀人的角色，保有自己的金星特質，讓自己有魅力。不過，如果婚神星金星的好相位，又同時跟天王星之類的行星出現剋相時，當事人在婚後隨時保持的魅力，也可能會引起別人的興趣，以致於容易有婚外情的機會。

如果一個人的婚神星跟金星形成剋相，他們在婚姻中同樣也會魅力四射，但是他們容易呈現出金星的負面特質，也就是他們會比較不忠實、比較花心。他們雖然也有把婚姻當戀愛的能力，但問題在於他們不願意因為婚姻而失去魅力，因而會在婚後依然四處放電。

金星跟婚神星剋相的人往往結婚是為了要維持住受人重視與戀愛的感覺，但婚姻的本質與戀愛不同，當他們發覺婚姻不能滿足戀愛的感受時，他們就會往外尋找戀愛的需求與滿足。隨著金星、婚神星位置的不同，當事人有可能會是自己喜歡在外放電，也可能會是他們的另一半喜歡在外亂放電。他們都會很容易在婚姻中有嫉妒課題。

金星跟婚神星有相位的人不分男女都很重視容貌，他們很在乎自己有沒有吸引力，即使已婚，還是很愛美。如果金星跟婚神星形成的是剋相的話，他們會比好相位的人更重視自己是否受人歡迎、是否有性魅力，也更在乎自己在婚姻生活中的物質享受。

我有個朋友從大學時代就省吃儉用，但會把錢花在內衣內褲絲襪上——從一個人的內衣褲，可以看得出當事人性意識的強弱。我認識一個長輩，她到六十歲了還在穿調整型內衣，她的金星就跟婚神星九十。

其實金星跟婚神星有剋相的人，最大的問題是他們容易在婚姻中花心，也容易亂花錢。因為只要配偶不在身邊，他們就會想從別的地方來滿足金星想要的歡愉與情感需求。

Chapter/5

婚神星與火星的相位

對於婚神星與火星有相位的人來說，個人的自主性與獨立性很重要，婚姻中的競爭與合作的拉鋸，會是他們婚姻關係的主題。無論相位好壞，當事人自己都會在性方面很有活力，也容易受性感、有性活力的人吸引，他們都會喜歡婚姻生活中有很多活動，而「性」是其中重要的活動項目之一。

如果婚神星與火星形成的是好相位，當事人會很重視婚姻中的合作關係，他們在婚姻中會很願意與對方配合，一起合作經營婚姻。

火星跟性欲有關，婚神星與火星之間有好相位，代表他們重視婚姻中的性需求，如果性無法滿足的話，他們就容易有婚姻危機。但從好的一面來看，他們不會跟沒性趣的人結婚，在婚後也會長期保持婚姻中的性關係與性活力，不會因為婚姻而變得性冷感或因為老夫老妻就不重視性生活。

如果婚神星跟火星形成剋相，當事人就容易覺得自己的自主性受到婚姻的壓制，容易因為自主性與婚姻的衝突而感到憤怒。他們也容易會有婚外情。

Chapter/6

婚神星與木星的相位

如果一個人的本命星圖中婚神星跟木星有相位，無論相位好壞，當事人的婚姻都會受人稱羨，他們很容易遇到他人眼中條件很好的對象。婚姻是當事人拓展社會資源的敲門磚，會為當事人帶來物質與精神方面的利益。

如果是好相位的話，雙方有良好的心智、靈性交流，他們的婚姻關係不僅會帶來實質好處及幫助，而且不會帶來束縛，不會讓他們有嫁入豪門或入贅的犧牲感或拘束感。

如果相位不好，他們也會遇到對他們很有幫助的對象，但是他們會自覺或被身邊的人質疑他們是為了錢而結婚。例如林青霞或已故摩納哥王妃葛莉絲凱莉（Grace Kelly），就有這個相位。

婚神星跟木星相位不好的人，他們容易因為對象的物質環境很好，而有失去自由的感覺，進而感到沮喪、受傷、絕望。他們有可能是自大的人，也容易吸引到自大的對象，因而在婚姻中有不平等、不正義的感覺與陰影。自由與不自由，常常是他們在婚姻中衝突的焦點，他們很難在婚姻關係中保持平衡。

婚神星木星的剋相會隨當事人的性別而略有不同。如果一個男性婚神星與木星形成剋相，他們往往為了要證明自己沒有被婚姻的金錢收買，他們會更重視追求自己的自由。如果一個女性的婚神星與木星形成剋相，她們常常會覺得丈夫擁有自由，但她們自己卻因為結婚而失去自由。

Chapter/7

婚神星與土星的相位

婚神星必然會與生命中最重要的伴侶有關，而婚姻配偶往往是一個人生命中最重要的伴侶關係。此外，與他人的長期關係，例如交往了三年半又同居四年，這種也可以視為婚神星的關係。

當一個人婚神星跟土星形成相位時，他們對婚姻的看法會比較符合社會的主流價值，他們會用社會主流的觀點來看待婚姻。他們在乎婚姻的結構、模式與正常的家庭關係。

如果將婚神星木星與婚神星土星做個比較，婚神星木星相位的人不論相位好壞，他們在婚姻中都會得到比較多的自由，他們也比較不在乎社會看法；而婚神星土星相位的人，他們則會比較在乎社會一般的看法，例如要夫唱婦隨，或者下班後男人可以在外頭忙、但女人不可，他們會維護住婚姻的既定模式。

婚神星土星有相位的人，不論相位好壞，他們都偏好可靠、穩重、成熟的對象，而且不論男女，他們都會選擇比較年長的對象，因為這樣的對象會讓他們比較有安全感，而且這樣的對象也比較有能力主導婚姻生活。

如果婚神星與土星形成的是好相位，當事人對於婚姻會有強烈的責任感，他們會希望婚姻能夠長久維持，不會輕言離婚，而且會在婚姻中盡好土星的責任。他們對於婚姻很理性、實際，也容易遇到理性、實際的婚姻對象。由於雙方都很理智務實，他們會視婚姻對象為商業夥伴，雙方會一起去完成一些實際任務，例如會一起努力存錢買房子，因此婚姻也必然會為他們帶來實際的好處。

我手邊有幾個婚神星跟土星有相位的實例。例如前總統馬英九就有婚神星跟土星的一百二十度和諧相。此外，我認識一個有婚神星土星相位的人，他的太太是他的大學學姊，雖然學姊只大他兩三歲，但對於大學生來說，等於是新生學弟追快畢業的學姊，這也算是婚神星土星相位喜歡成熟、年長、有地位伴侶的特質。還有一對同志伴侶，當事人的伴侶比他大十五歲；另一個例子的妻子是大學教授，他在外頭多年來一直有女友，但是多年來也一直沒有離婚。

其實婚神星跟土星有相位的人都會覺得婚姻很悶，覺得伴侶很無趣，但也覺得這樣的婚姻能帶給他們安全感，很肯定婚姻的建設性，肯定婚姻為他們帶來的實際幫助。如果婚神星與土星形成的是好相位，雖然伴侶很無趣，但尚可忍受，對方帶來的不是壓制，而是保障，對方會很負責，而非變成他們的負擔。但如果婚神星與土星之間形成的是剋相，他們同樣會因為外在需求而形成關係，他們同樣會很想要安全感，喜歡找可以讓他們當靠山的對象，但是對方提供的依靠卻等同於壓制，而且越來越讓他們受不了。雖然婚神星土星剋相的人也想要長久穩定的關係，但是關係到了後期會讓他們疲憊不堪，而終究在他們拖到不能再拖時分手。

婚神星土星的好相位與壞相位的差別，也在於相位好的人要的是安全感，他們找的是可靠的對象，但剋相的人往往會基於強烈的利害關係，去尋找對他們有好處的對象，他們的婚姻關係會更實際、更利益導向，更像商業合作。

在婚神星與土星的四個主要相位中，婚神星與土星合相或一百二十度和諧相的人，他們基本上一定會結婚，婚神星跟土星一百八十度對立相的人，很多人會選擇不結婚，婚神星與土星九十度衝突相，很多人有可能會結不成婚。

例如美國知名詩人艾蜜莉狄金森（Emily Dickinson），她的婚神星與土星有一百八十度相位，她愛上了父親的朋友，也因此選擇終生單身。法國的才女小說家喬治桑（Georges Sand）也同樣有婚神星土星一百八十度相位，身為貴族的她，第一次婚姻也是嫁給貴族，但在生了兩個小孩之後離婚，之後則以經常結交小男友而在社交圈引人側目，包含了詩人繆塞與音樂大師蕭邦，都是她的情人，她也有婚神星土星一百八十度相位。

對婚神星土星有剋相的人來說，年輕時他們會尋求土星型的人當他們的對象，年長之後，他們則會自己扮演起土星的角色。也因此他們在年長之後也就會比較不那麼在乎社會眼光，所以不會再特別想要尋求土星型的婚姻。

婚神星與土星的相位，跟婚神星落在摩羯表面上有點像，但實際上有一些微妙的差別。婚神星摩羯的人會把事業當婚姻，把婚姻當工作，但不會把婚姻當依靠，他們在婚姻中也不會像婚神星土星有相位的人這麼盡責，也不會特別找比較年長的對象。

Chapter/8

婚神星與天王星的相位

婚神星與天王星有相位的人通常不願意因為結婚而犧牲自己的個體性，他們偏好比較具有革命性、解放、開放自由的婚姻關係。他們比較喜歡觀念開放的對象，因為他們在婚姻關係中需要對方讓他們成為一個開放的人。不過婚神星與天王星喜歡的是開明的對象，而非前衛大膽，因此他們的婚姻還不至於前衛到離經叛道。

如果婚神星與天王星的相位不錯，他們不會排斥結婚，因為他們的婚姻並不會有束縛性，而且很有活力，他們另一半可以和諧相處，而且彼此不會因為到對方而感到不自由。

如果婚神星與天王星形成了剋相，當事人只要有婚姻關係，就會覺得不自由，所以他們有可能會選擇因為工作而常常不在國內的對象來結婚。

由於婚神星天王星剋相的人無法與另一半朝夕相處，這樣會讓他們喘不過氣，在婚姻中，他們自己或對方一定會覺得受到壓抑，所以常常跟另一半分離，反而有助於婚姻的維繫。我認識一個婚神星跟天王星有剋相的人，他每年有十個月的時間都在上海工作，他的太太只是一個家庭主婦，在台灣並沒有在上班，但是也並沒有跟著他去上海，所以每年有十個月的時間，這對夫妻的先生在上海，太太在台北，各過各的生活。

婚神星與天王星有相位的人都很看重婚姻中的自主權，如果相位不好的話，當事人或他們的配偶有可能會在性方面的不忠實。但婚神星天王星本來就意謂不尋常的婚姻關係，所以即使遇到出軌，他們的離婚率反而低。同樣以婚神星的剋相來看，婚神星跟太陽或月亮形成剋相，反而會比婚神星天王星剋相的人更容易離婚，因為婚神星跟太陽或月亮剋相代表他們會娶或嫁不適合的人，而婚神星天王星本來就會跟奇怪的人結奇怪的婚，離了婚，就不叫做另一半是怪人了，所以不離婚才反而能突顯出他們婚姻的奇怪。

將保守的土星與開放的天王星做個比較，婚神星土星剋相的婚姻關係，其實是為了滿足土星的需求而結婚，而不是為了滿足婚神星，所以婚神星土星相位往往會經歷長期交往才會結婚，他們必然經過現實的考量。但婚神星天王星相位則不同，婚神星天王星有相位的人經常會閃電結婚。

也因為天王星具有不符合傳統的特質，即使婚神星天王星的相位不錯，他們也一定會結一個怪婚。例如我跟我先生都是婚神星天王星六十度次和諧相的人，所以我們的婚姻關係很自由，儘管外表看來不像是標準夫妻——我們連我公公過世也不用趕去奔喪，但是我們結婚二十幾年還是歷久彌新，而且其實我們有高達百分之九十的閒暇時間都跟另一半膩在一起，但也不會感覺厭煩。像英國的溫莎公爵也有婚神星天王星的好相位，他放棄王位與辛普森夫人結婚之後，他們也一天到晚膩在一起不嫌煩。

Chapter/9

婚神星與海王星相位

當一個人本命星圖中婚神星跟海王星有相位的話，他們很容易遇到有深刻前世連結的人，但即使是吉相，也有可能會有緣無分。有婚神星海王星相位的人，他們往往可以感受到被無形的命運之線相繫，而且他們感受到的前世遺留親密感，是一種屬於夫妻之間的熟悉感，而不會只是一種金星海王星相位的前世愛戀，所以他們會很想跟對方在一起，但是不見得有緣分。也就是說婚神星海王星相位的人陷入的，是一種過去世曾經熟悉的關係，而非跟人墜入情網。如果一個人婚神星與海王星之間的相位不錯，他們會很有藝術天分，這個天分可以協助他們處理在現實中無法完成的婚姻與情感關係。

我認識一個婚神星跟海王星一百二十度和諧相的人，他的婚神星落在跟前世有關的十二宮，他用了跟十二宮夢境有關的電影方式，寫了一個跟愛、死亡有關的劇本，用以解決對過去世情感背叛的牽掛與內疚。

婚神星海王星的關係超越了一般談戀愛的情感因果，不論相位好壞，他們對婚姻的想法都不務實，他們往往對婚姻有過度不切實際的幻想，因此容易失望。婚神星海王星有相位的人，不論相位好壞，婚姻都無法令他們滿足，相位不錯的人比較不容易陷入不滿足的感覺而無法自拔，而剋相者會很清楚的陷入不滿足的情境中。

由於海王星只可遠觀而不能實用，所以當婚神星海王星有相位的人如果結婚，他們絕對選的不會是心目中最理想的海王星型的對象來結婚。如果婚神星海王星相位不錯，他們會有很夢幻的理想情感與伴侶關係，但無法結成理想婚姻。如果形成的是負面相位，他們常會因為對理想對象感到幻滅，或有強烈的失望經驗，容易遇到重要情感關係上的迷惘，也不容易跟理想的對象結婚。

他們心目中的理想對象常常在真實生活中無法真的成為他們的婚配對象，例如對方可能已婚，或者還沒結婚對方就早逝，我還認識一個畫家朋友，他受到女友的啟發而開始畫畫，很崇拜他的女友，雙方交往十年，從未上過床，不過後來他發現女友的畫其實畫得很糟而感到幻滅，因此分手。

婚神星海王星有剋相的人容易遇到有疾病、精神障礙、肉體問題、不負責、不可依靠、藝術家傾向的對象——事實上他們如果跟心目中理想的海王星對象結婚的話，反而會有大麻煩。例如《大亨小傳》的作者費茲傑羅（F. Scott Fitzgerald），他的太太澤爾達有精神問題，他的婚姻問題可說是導致他英年早逝的主因之一。

Chapter/10

婚神星與冥王星的相位

土星、海王星、冥王星都跟前世有關，其中土星、冥王星更代表了前世輪迴業報。當一個人的婚神星跟冥王星之間有相位，代表當事人這輩子要來處理前世的緣分。他們的對象有可能上輩子跟他們有緣無分，因此這輩子要來跟他們再續前緣。

就天王星、海王星、冥王星這三顆外行星在親密關係中的影響力來說，天王星的不合常規只能影響到土星，因為土星代表現世的現實，天王星代表現世的無常，天王星的現世變化，可以改變土星的現實。但天王星無法完全打翻冥王星，因為冥王星既有現實的一面，又有非現世的部分。善於溶解的海王星可以不斷的滲透冥王星的幽微處，等到時機成熟時，它有辦法可以對冥王星造成影響。

如果婚神星冥王星相位不錯的話，當事人這輩子會遇到具有宿命特質的重要關係，它跟婚神星海王星相位的不同之處，在於婚神星冥王星相位是一種會在現實生活中演出的宿命，它會是一種過去世關係的再生與重新經驗、重新學習。

如果婚神星與冥王星之間形成的是剋相的話，當事人也會遇到前世的重要關係，但是對方可能是前世的仇人，他們可能在過去世結下了很大的樑子，所以這輩子要重新面對親密關係中的課題，他們之間會是標準的不是冤家不聚頭。

他們容易跟配偶之間產生強大衝突或偏執的掙扎，或者產生強大的性的困難、佔有欲與複雜糾葛，也可能彼此的掙扎衝突會導致關係毀滅。他們容易遇到不幸的婚姻，而且不容易結束，即使離婚也無法一了百了，仍然會有陰影籠罩。

婚神星與冥王星的負面相位，是各種婚神星的負面相位中，會延續最久、帶來最大問題與心理創傷的相位。例如有一個知名的女作家，她的第一任丈夫對她有嚴重的家暴，以致於後來她後來一直不肯對外承認她結過婚，或者有一個女明星不但被丈夫家暴，而且丈夫在外面欠下了鉅款。婚神星冥王星嚴重受剋的話，當事人常常在婚前會有飛蛾撲火般受到強而有力的吸引，但婚後則覺得有如落入陷阱。

PART 5

婚神星人際合盤——婚姻伴侶的相處之道

所謂的人際緣分合盤（Synastry），就是將兩個人的本命星圖交疊產生的互動。例如先生的太陽在牡羊座五度，太太的婚神星在牡羊座六度的話，先生的太陽跟太太的婚神星，就形成了誤差為一度的合相。

婚神星落在不同星座，代表了我們在跟他人連結時的基本態度與傾向，它代表了我們在與他人產生深刻連結時，什麼樣的人會令我們感覺熟悉，什麼樣的人會喚起我們的渴求。這也正是當一個人的婚神星跟對方的太陽產生相位時，會造成吸引力的原因。

當一個女性的婚神星跟對方的太陽或上昇落在同一個星座，或當一個男性的婚神星跟對方的太陽、月亮或上昇落在同一個星座，都會帶來很強的婚姻吸引力。男性跟女性的差別在於，以最明顯的婚神星處女跟太陽處女的配對來說，婚神星處女的女性嫁給太陽處女，會比婚神星處女的男性娶太陽處女的比例更高。

當婚神星跟對方的重要行星形成相位時，對方不見得是當事人的金星、火星喜歡的對象，也不見得屬於雙方可以一起合夥開公司的人，雖然它不能夠單純的以理性分析，但它是一種本能，這種本能讓人想要跟特定的對象產生深刻的連結。

在婚姻關係的夫妻合盤中，必然會有婚神星的合盤相位，其中以婚神星跟太陽、月亮、土星、海王星、冥王星帶來的連結性最強，婚神星與其他行星的合盤相位次之。

婚神星的關係一定會讓兩人動過結婚念頭，他們會有一種「共有財」的關係，例如同居就會共同負擔水電瓦斯等生活費。而且會比外遇有更強烈的佔有欲，它包含了性與金錢方面的張力。

從兩個人合盤中婚神星相位，可以看得出這對夫妻婚姻的本質。例如金星之於戀愛、太陽與月亮之於認同、土星之於社會價值、海王星之於前世緣……婚神星與對方的太陽、月亮、土星、冥王星這四顆行星形成的相位，可以說是男女婚配的鑰匙，它們是人與人之間形成重要關係的四大相位。

相較之下，婚神星與對方的天王星、海王星的相位則不屬於世間緣分，它會有其他的靈魂目的；婚神星與對方的水星、金星、火星相位，則屬於婚姻關係中的次要相位，雖然金星、火星是生物的本能，它一直存在，也不可能改變，但是它們卻並非構成婚姻的重要關鍵。由於金星、火星是非常個人的本能，但婚神星卻必須與他人有關，因此不適用金星、火星邏輯。也因為水星、金星、火星都屬於個人本能的表達，所以它們都與藝術創作有關，本命星圖中的婚神星與水星、金星、火星有和諧相的人很幸運，這代表他們在婚姻中依然可以跟另一半保有知性、戀愛、性愛的樂趣。

在占星學的人際合盤中，一個人本命星圖中的行星，如果跟他人本命星圖行星形成相位，意謂著雙方會因此產生某一些共同關係。婚神星在人際合盤中的相位，是觀察婚姻關係時的重要指標。如果雙方的婚神星形成了合相，這個相位由於雙方對婚姻的看法相同，因此有利於結婚。不過也很可能雙方對於婚姻的看法是建立婚姻跟感情可以分離之類的共識，因此人際合盤中雙方婚神星的合相，雖然有利於雙方走上紅毯，但是跟雙方在婚姻中是否鶼鰈情深無關。

如果同樣以九十度或一百八十度的剋相來說，如果一個人的婚神星跟對方的太陽一百八十度對立，代表當事人在尋找婚姻的對象時，找到的是完全相反的人。但是在我看過的人際關係合盤中，婚神星跟對方太陽一百八十度的夫妻，簡直是真的是多得不得了。雖然九十度剋相的夫妻也不少，但是一百八十度對立的夫妻更多。其實這也說明了一件事，老天就是要安排這些人必須學習婚姻功課。

這種一百八十度的對立真的是難度很高的功課，但是如果不透過這樣的挑戰，想學會婚姻中的人際關係課題，恐怕沒那麼容易。

如果雙方因為彼此的太陽與婚神星形成九十度或一百八十度剋相而離婚，離婚的原因都不會像金星、火星剋相那麼具體，太陽與婚神星的剋相，追根究柢只能說他們找到完全不適合的對象。

Chapter/1

婚神星與對方太陽的相位

當一個人的婚神星與對方的太陽形成和諧相位，無論太陽這一方是男性或女性，雙方先天對婚姻的本質會有和諧看法，例如一個人如果婚神星在牡羊，他們在婚姻中不喜歡受到約束，當他們遇到了太陽人馬或太陽獅子的對象時，太陽人馬或太陽獅子的人對婚神星牡羊的人會有較大的容忍度。又如一個人如果婚神星在金牛，他們在婚姻中會需要較大的物質安全感，當他們遇到太陽處女、太陽摩羯的對象時，對方會認同婚姻應該要能穩定配合人生的目標。或者婚神星寶瓶的人重視婚姻中的獨立自主，當他們遇到太陽天秤、太陽雙子的對象時，對方會較能以理性的態度來看待伴侶關係。

如果一個人的婚神星跟對方的太陽形成和諧相位，但是當事人的本命星圖中，婚神星本身與太陽有剋相，就會形成婚神星與對方太陽和諧，但是當事人的太陽跟對方的太陽有剋相，這意謂著當事人本身在婚姻看法（婚神星）與人生目標（太陽）之間有衝突，但是當事人本身的不和諧狀態，並不會因為對方而引發更大問題，而且往往可以穩住婚姻的部分和諧狀態，也比較不會引爆當事人本身婚神星與太陽的不和諧。

當婚神星與對方太陽合相時，雙方會特別有緣分，但是扮演太陽這一方的是男性或女性，會有一些差別。由於在人際關係中，太陽這一方永遠會比較具有主導性，因此婚神星與太陽合相是落在什麼星座就很重要，當它較為符合傳統角色與社會期待時，他們遇到的壓力就會比較小。同樣是婚神星跟對方太陽合相在牡羊，如果是男性的太陽牡羊跟女性的婚神星牡羊合相，男方的太陽會居於主導地位，這樣的關係會比較符合傳統的角色扮演，如果相反，當女性的太陽牡羊跟男性的婚神星牡羊合相，男方就會因為女方的強勢主導，因而感受到過強的壓力。不過，如果婚神星與對方太陽是合相在巨蟹這類陰性的星座，就不會有這類的問題，不管是男性太陽巨蟹與女性婚神星巨蟹合相，或者是女性太陽巨蟹與男性婚神星巨蟹合相，他們都不太會遇到不符社會期待的問題。

所有的一百八十度對立相位，都是用不同的方式來達到相同價值，例如金牛與天蠍要的都是資源，巨蟹與摩羯要的都是安全感的實踐，處女與雙魚提供的是不同的服務。

當婚神星與對方的太陽形成一百八十度相位時，他們對於婚姻關係中伴侶需要扮演角色的看法截然不同，但婚姻的本質本來就具有異性相吸的互補特性，因此婚神星與對方太陽一百八十度的緣分很強，這個相位實際結婚的比例，會比婚神星與對方太陽九十或合相的比例更高。

而如果當事人婚神星本身有剋相，又遇到婚神星與另一半的太陽一百八十度對立時，問題會更加重。一個太陽獅子跟一個太陽寶瓶，由於雙方在太陽的主觀意識上完全相反，所以他們並不具有婚姻的吸引力。相對之下，婚神星寶瓶的婚姻要獨立，太陽獅子需要透過管人來獲得自尊，雙方的一百八十度對立會造成很強的吸引力。但如果一個婚神星寶瓶的女性跟一個太陽獅子的男性結婚，假如婚神星寶瓶這一方的本命星圖又跟太陽天蠍形成九十度剋相的話，就等於雙方的太陽也有九十度剋相，問題就會很嚴重。上述婚神星寶瓶的女性，如果她的太陽在雙子的話，當她的婚神星寶瓶跟丈夫的太陽獅子一百八十度對立時，她的太陽雙子則會出來協助婚神星寶瓶來協調對婚姻的不一致看法。

總之，如果一個人本身的婚神星跟太陽有九十度剋相的話，就千萬別再找對方的太陽跟自己的婚神星一百八十度的對象。

Chapter/2

婚神星與對方月亮的相位

婚神星代表婚姻，月亮代表同在一個屋簷下是否相處融洽。因此當一個人的婚神星與對方的月亮有好相位的話，比起婚神星與對方太陽有相位的人，他們對於婚姻關係中的家庭看法有更大的共識，家庭生活會更為和諧，他們也會比婚神星太陽相位的人更有家庭生活中的相處緣分，相較之下，婚神星與太陽的和諧，它會比較著眼於婚姻中的理性部分與社會性功能。

我認識一對夫妻，先生的婚神星在牡羊，太太的太陽在人馬、月亮在巨蟹，所以這對夫妻中，先生的婚神星同時跟太太的太陽一百二十度和諧相，又跟太太的月亮九十。從先生的婚神星跟太太的太陽和諧相來看，這個先生一年有十個月都在上海，一年大約只回台灣七八次，但他們結婚了很多年，也並沒有出什麼問題。可是從先生的婚神星跟太太的月亮九十度剋相來看，先生的婚神星牡羊在家裡太過自我，對太太的月亮巨蟹造成困擾，所以如果先生在家住太久，就會被太太趕回上海。

婚神星與對方月亮的剋相，必然會造成家庭生活的不和諧與婚姻陰影，但是否會導致婚姻失敗，則仍要看雙方理性部分是否能夠協調。如果大家觀察很多婚姻就會發現，生活出問題並不常直接造成婚姻的結束，如果婚姻本身還可以的話，通常這對夫妻會以分居之類的方式，來解決生活上的問題。

由於太陽、月亮特別與性別有關，因此當這兩顆行星跟婚神星形成相位時，如果扮演太陽的是男方、扮演月亮的是女方的話，力量會大很多。也就是說，當男性的婚神星與女性的月亮合相時，雙方會有極大的緣分，強度遠大於男性的婚神星與女性太陽合相，例如對婚神星牡羊的男性來說，月亮牡羊的女性，會比太陽牡羊的女性更有吸引力。原因在於當男性婚神星與女性太陽合相時，雖然會有吸引力，但同時也有排斥力，而且落在越陽性的星座，排斥力就越大。如果是女性的婚神星跟男性的月亮合相，它就不會像男性婚神星跟女性太陽合相時產生的排斥力了，因為月亮具有陰性、被動的特質，所以女生不會因為男性的月亮位置而感到排斥。

當婚神星與對方月亮形成剋相時，就必須確認當事人的太陽相位。如果當事人本命星圖中，太陽沒有跟月亮形成九十度或一百八十度剋相，即使雙方合盤中有婚神星月亮剋相，他們雖然會有家庭生活不和諧的狀態，但婚姻未必會出問題，他們也不見得會離婚。

但如果當事人婚神星與對方月亮形成剋相，而且當事人本命星圖的太陽跟月亮又有九十度或一百八十度剋相的話，對方的婚神星位置就會非常重要。假設對方的婚神星是位在天秤座這類追求和諧的星座時，他們就有可能會為了婚姻關係的維持，因而接受家庭生活的缺失或遺憾。

Chapter/3

婚神星與對方水星的相位

光靠婚神星與對方水星的單一相位並不足以形成婚姻關係，因為水星是一顆中性行星，它與太陽、月亮的認同感無關，也與土星、冥王星的宿世緣分無關。

婚神星與對方水星如果形成了和諧相，這個相位可以增進婚姻中的心智和諧，有利於雙方在婚姻生活中的心智溝通。如果一對夫妻有婚神星跟對方水星的和諧相位，他們的關係會偏向於「工作婚姻」，他們可以一起做事，而且知性、事業的緣分可以維持得比較久。

如果婚神星與對方水星形成剋相，代表他們對婚姻的看法不同，這雖然是婚姻中的小瑕疵，但不表示他們不能相處。例如婚神星處女的人很重視婚姻中的細節，水星人馬的人講話大喇喇，當婚神星處女跟水星人馬形成婚姻關係時，他們在生活中容易有摩擦，但不致於無法接受。

Chapter/4

婚神星與對方金星的相位

婚神星與對方金星形成的相位，它在婚姻關係中非常特殊。婚神星與對方的太陽、月亮形成相位時，雙方會因為對對方的認同而結婚，但婚神星與對方金星合相時，雖然對方會是當事人想要戀愛、結婚的對象，但又還不到必然結婚的程度。

在希臘羅馬神話的幾個主要女神中，灶神星維斯塔（Vesta）與智神星（Pallas）雅典娜不婚，婚神星朱諾（即希臘神話中的希拉）與金星維納斯（即希臘神話中的阿芙蘿黛蒂）已婚。在這兩個已婚的女神中，婚神星朱諾因為一夫一妻制而產生了性壓抑問題，而金星維納斯則不管是在婚前或婚後都一樣放蕩、不忠實。

金星是一個人跟戀愛有關的本能，它最不受一夫一妻制的限制，所以金星的吸引力最容易造成外遇、劈腿、不倫。金星與情感、金錢有關，當婚神星遇到金星，它既是一種恩寵，也是一種詛咒，金星的涉入，會使婚神星的婚姻不再理性，在情感與金錢的雙重影響下，婚姻課題會變得更為複雜。

當女性的婚神星與男性的金星合相時，婚神星的社會壓力往往難以壓制住男性的金星本能，因此男方不會因為結婚而感受到必須要對婚姻忠實。當男性的婚神星與女性的金星合相時，金星位於什麼星座會很關鍵。由於女性比較容易感受到社會壓力，如果女性的金星位於比較保守的星座時，女方的金星本能，就可能會受到婚神星社會意識的影響而壓抑。

婚神星跟對方金星如果形成了剋相，這非但不意謂著雙方沒感情或沒戀愛感覺，這個相位反而會比婚神星跟對方的土星、冥王星形成相位更像談戀愛。因為婚神星跟對方土星或冥王星相位，有時候當事人只在乎對方提供的現實好處，但當中沒有愛。婚神星與對方金星的剋相，兩人之間仍然有愛，依然是基於一種有情人終成眷屬的心態而想在一起，只是這種愛有可能有一點別有居心，有可能是受對方的物質條件吸引而愛上對方。例如注重婚姻中物質環境的婚神星金牛，他們可能會喜歡金星獅子的大方，或者喜歡金星天蠍很有生意頭腦、很會賺錢。愛其實是一種很複雜的東西，包含了物質環境與享受考量的愛也是一種愛，它並不等於沒有愛。

金星本來就不忠實，婚神星跟金星的剋相更容易出現金星負面特質的影響，由於金星的扭曲、情感的欠缺，這個相位容易引起情感與婚姻之間的摩擦，以及相處上的困難，使得婚後關係緊張，造成金星的不滿，因而金星會更加容易不忠實，而婚神星這一方也可能會不忠實。

當婚神星跟對方金星形成一百二十度和諧相時，代表他們的婚姻中有戀愛因素，他們是因為戀愛而結婚，也可以說是有情人終成眷屬。但即使是婚神星與對方金星的一百二十度和諧相，在婚後仍會出現金星的不定性。這部分在男女方面跟合相的狀況相近，如果扮演金星的是男性，男性在婚後依然不受管，如果扮演金星的是女性，即使和諧相，婚後她們多少都會受到一點壓抑。

金星經常心動，但不見得都有付諸行動。婚後的女性常常會有金星的壓抑及月亮的轉移（例如將月亮的女性自覺轉移到忙於養育小孩），而婚後常打扮的男性，因為金星有因為打扮自己而得到滿足，亦可降低對感情的需求。

Chapter/5

婚神星與對方火星的相位

如果本命星圖中火星受剋時，當事人的火星跟別人婚神星形成剋相時，就很容易會引發出火星受剋的問題。

當火星與對方婚神星形成剋相時必須極小心，必須再檢查火星是否又跟冥王星或土星有負面相位。當婚神星與火星形成剋相時，代表婚姻本質與性方面有衝突，必須小心因為性的壓抑而造成家暴（如果又跟冥王星有剋相），或者出現性冷感（如果又跟土星有剋相）。

如果婚神星與對方火星形成的是和諧相，也未必代表雙方在婚姻中必然性愛和諧。因為火星要的是立即、衝動、新奇的滿足，它與婚神星期待一成不變的本質不合。但婚神星與對方火星的和諧相意謂著雙方在婚前有性的熱情，而且它會是讓雙方步入結婚禮堂的催化劑；婚後則代表這樣的婚姻關係中會有很多的活動、運動，而不代表婚後雙方會有很多的和諧性愛。

Chapter/6

婚神星與對方木星的相位

當婚神星朱諾遇到了木星朱庇特，這對夫妻會怎麼上演他們的戲碼？

在本命星圖中，不管婚神星與木星形成的是好相位或不好的相位，當事人都容易遇到對他們有利的配偶，也就是容易在婚姻關係中遇到貴人，只不過如果相位不好的話，木星會比較偏向物質性與社會性功能。

由於木星跟婚姻承諾無關，木星這一方對婚神星雖然很大方，但不會具備責任感，因此在人際緣分合盤中，當一個人的婚神星與對方木星形成和諧相的話，並不代表他們一定會結成夫妻，只代表木星這個人會提供婚神星這一方具有社會性功能的幫助。

木星最怕不自由，木星最不給管，它是最沒有責任感，最不給承諾的行星，因此如果一對夫妻婚神星木星有相位，對婚神星這一方來說，婚前有很大的好處，婚後的話就只剩下物質好處。

婚神星想要的關係中的價值感，它與木星代表的社會價值並不相同。相較於木星金星的人際關係，木星跟金星的本質比較沒有衝突，木星會對金星很大方，也同時會對金星情感與物質上的滋養。木星婚神星和諧的話，婚前完全沒問題，但是結婚以後木星不可能乖乖照著婚神星的期待走，更不可能受婚神星的約束，雙方的和諧程度，會隨落在什麼星座，而有不同。例如婚神星如果在牡羊，木星在獅子或人馬都不會有問題，因為木星獅子、木星人馬能夠提供的社會資源跟婚神星牡羊很協調，而婚神星牡羊也很能接受木星需要的自由；由於木星處女、木星摩羯對自由的要求不高，所以婚神星金牛的人跟木星處女、木星摩羯也很能搭配；婚神星雙魚跟木星天蠍也還不錯，但婚神星巨蟹會因為太在乎木星天蠍而受不了；婚神星天蠍配木星巨蟹也還可以，因為木星巨蟹比較安分，但婚神星天蠍配木星雙魚就不太理想。

婚神星如果跟對方木星即使出現剋相，問題也不大。事實上所有人際緣分中的木星剋相都不會有很嚴重的問題，也不會帶來太不愉快的關係，頂多有一點虛情假意。例如當婚神星金牛遇到木星天蠍時，天蠍的特質在於資源共享，因此木星天蠍會先將自己的資源分享給金牛，但是幾次之後因為發現婚神星金牛並不會回報，因而停止對金牛分享自己的好處，不過天蠍不再繼續幫助金牛，金牛這一方也不會覺得木星天蠍很可怕。如果是婚神星天蠍遇到了木星金牛，木星金牛一開始就不太會跟婚神星天蠍分享自己的資源，所以婚神星一開始就不會對木星有所期待，因此也不致於感到不愉快。

又如婚神星天秤對木星牡羊的人一開始就不抱希望，而木星天秤對婚神星牡羊一開始會努力配合對方，希望能跟對方建立起美好關係，之後才發現婚神星牡羊根本無法回報木星天秤想要的需求，雖然有點失望，但也不會翻臉。

Chapter/7

婚神星與對方土星形成相位

在婚神星人際緣分的合盤中，最重要的婚配緣分是婚神星與對方太陽、月亮形成的相位關係，因為婚神星與對方太陽、月亮形成相位的話，代表當事人真心想要與對方結婚。相對來說，婚神星與對方的木土天海冥形成了相位，就不只是單純的婚配願望，而有一點趨近於社會婚姻、宇宙婚姻。當婚神星跟對方土星形成相位，不管相位好壞，雙方都會很有緣分，而且不管土星這一方的年紀大小，土星都會約束婚神星的這一方。

如果本命星圖中有婚神星土星相位，當事人則必然會吸引到具有土星特質的伴侶，例如對方比較年長，或者他們會遇到比較拘束的關係。當人際合盤中婚神星跟對方的土星合相，即使雙方並非婚姻伴侶，這個相位都代表了雙方是重要關係，例如父母子女、重要的工作對象或合作夥伴。而且這個相位會讓土星很自然的擔負起照顧婚神星這一方的責任。如果婚神星這一方是員工，而土星這一方是老闆的話，土星這一方就容易因為對婚神星這一方有責任感，因而不會隨便裁員。也可能會是原本不熟，但是卻變成重要且長期的合作關係，例如之前可能只見過一次面，就被找去做事業夥伴。

如果婚神星跟對方土星形成的是一百二十度和諧相，婚神星會覺得與土星之間有很強的羈絆感，而土星會對婚神星很有責任感，因此雙方關係不會很短暫，他們會形成長期關係，但不見得是婚姻關係。不過這種責任感跟羈絆感未必會讓人很愉快，例如婚神星天蠍想要的就是分享，而土星天蠍卻不想分享，當婚神星天蠍遇到了土星天蠍的合相，兩個人就會又累又分不開。

從婚神星與對方木星、土星形成相位時，可以用來看重要親子關係與社會夥伴關係，而婚神星與天王星、海王星、冥王星的相位則與夥伴無關。當婚神星與對方土星形成剋相時，仍會帶來重要關係，但土星這一方會令婚神星這方感覺到很有壓力。

婚神星是一顆人際關係有關的行星，它跟金星、火星等個人行星不同。當對方的土星跟金星、火星形成剋相時，金星、火星這一方永遠會受制於土星，永遠會感覺處不來。而婚神星跟土星的剋相不代表他們個人跟對方處不來，而是在形成了一個聯盟或親密關係時感覺有壓力、處不來。所以他們減少共處或共事的時間、減少生活中的共同性，但是依然可以為關係而付出。

Chapter/8

婚神星與對方天王星的相位

人與人之間的相遇皆有隱藏的目的，占星學可以讓人快速發現隱藏目的，但是有可能只是心智知道而缺乏實際體驗，關鍵就在於透過占星學保持清明，知其然，也知其所以然。

木星與土星相位都代表社會價值的利益，而天王星代表的是哲學、高等心智、啟發與覺悟，海王星代表靈性的啟發、深層情感的體驗。如果說天王星是宇宙心智的婚姻，海王星就是宇宙情感的婚姻。也因此，除非雙方有很強的土星、冥王星相位，否則光靠婚神星與對方天王星相位，會比婚神星木星相位更難有婚姻緣分。

當婚神星與對方天王星形成相位時，會形成很特殊的關係，這種關係很古怪、很不尋常、不符合社會倫理的階級概念。相較於婚神星與對方土星的婚姻關係，婚神星土星的婚姻必然具有社會利益的考量，但婚神星天王星的婚姻則超越個人與社會，甚至違背一般婚姻的社會性目的。

當婚神星與對方天王星合相，這種婚姻會超越社會性連結，它是為了宇宙目的而存在。天王星這一方會擔負起喚醒婚神星宇宙意識的責任，例如有很多跟我學占星的同學，他們的婚神星就跟我的天王星有和諧相位，因此他們從身為天王星的我這一方，學到了很多跟占星有關的宇宙心智啟發。

婚神星與對方天王星如果形成相位，雙方必然有緣。如果相位不錯，雙方會有一種高等心智傳遞的關係，如果形成的是剋相，一開始時，也會帶來心智的刺激，但關係來得快也去得快，通常天王星這一方會主動結束關係，無法付出承諾，而婚神星則會因此感到懊惱。

舉例來說，當婚神星天秤遇到天王星巨蟹時，婚神星這一方會覺得天王星無法給予心智的平衡；當婚神星天蠍遇到天王星獅子時，婚神星天蠍要的是一個可以控制的伴侶，婚神星天蠍的強烈佔有欲與嫉妒心，會令我行我素的天王星獅子受不了。婚神星天蠍最適合的是天王星雙魚，因為天王星雙魚可以為婚神星天蠍帶來意識的啟發，如果是天王星巨蟹的話，雖然也同樣跟婚神星天蠍一百二，但天王星巨蟹對婚神星天蠍的啟發性可能稍嫌不足。同樣的道理，在互成和諧相的牡羊、獅子、人馬這三個火象星座中，對於婚神星牡羊來說，天王星獅子的啟發性已經足夠，但對婚神星人馬來說，天王星獅子的啟發性不足，但婚神星人馬還是會覺得對方有趣而突出。

如果婚神星與對方天王星形成的是負面相位，意謂著這是一段必然會結束的關係，即使有其他包含土星在內的吉相亦然。即使是親子關係，婚神星與對方天王星的剋相，都代表婚神星這一方必須面對天王星的無常，因此會有不可抗拒的因素，造成這段關係的結束。

Chapter/9

婚神星與對方海王星相位

婚神星要的是務實的一夫一妻的穩定，海王星的理想與夢想要的是脫離現實的束縛。婚神星是人間深層關係的約束，它與海王星的需求不同，兩者缺乏協調性。因此婚神星跟對方海王星即使合相，雙方不可能像土星相位般帶來現實連結。即使這輩子因為其他相位而結了婚，但這個婚姻還是會令人覺得撲朔迷離，不管是性愛或現實中的牽絆，都不會是它的重點，它會比較傾向於延續前世的未完成緣分，今生成為一種靈性的結盟。

當婚神星與對方海王星合相，代表雙方具有前世的關係，但它比較傾向一種非性愛導向的精神伴侶。也可能會是一種彼此有好感，但無法在一起，或者有伴侶感，但無伴侶之實的婚姻。例如我的婚神星在天秤，因此很多一九四幾、一九五幾年出生的人的海王星都跟我的婚神星合相，因此我跟很多這個年齡層的人有很多靈性上的連結，我們就像是過去世來自於相似的靈性團體，有如亞特蘭提斯、埃及密教般的精神婚姻。

婚神星與海王星相位的現實連結弱，精神連結強，它雖然有強大的靈性承諾，但在生活中常常是很難完成的現實關係。即使它出現在父母子女的關係中，它也不會是單純的親人關係。它不像婚神星土星相位有如欠債般的現實責任。

如果本命星圖中婚神星與海王星合相（例如很多一九五三、一九五四年出生的人婚神星與海王星合相於天秤），當事人就會有很難找到理想伴侶的困擾，他們會在現實中一直尋覓靈性伴侶，也常會因為一直在尋找過去世曾有靈性連結的人，因而獻身於某些靈性團體。但即使暫時落實於現實關係，他們也不會感到滿意。婚神星海王星合相尋找的是一種今生重逢的前世關係，是這輩子重新學習的前世靈性功課。也因為靈性的連結通常會是一整個團體的連結，它往往不是一種一對一關係，海王星並不會形成責任感，對於本命婚神星海王星有相位的人來說，他們最想要的是靈性伴侶，但海王星的特質就在於沒有邊界，由於太多人都喚起當事人對靈性之愛的渴望，因此他們要的靈性伴侶也會不只一個，這違背了婚神星想要的一夫一妻的責任感，所以婚神星海王星合相的人容易被認為不忠實。如果本命婚神星跟海王星形成剋相，當事人就不容易找到真正的靈魂伴侶，他們常常會遇到無法提供真正的靈性慰藉的對象。

婚神星與對方海王星的人際相位，它並非為了情欲而來，它的情欲程度會隨雙方本身的星圖結構而有所不同，但越有情欲，就越容易失望。它往往在發生關係之後，情欲的吸引力會減弱，進而轉向靈性關係。

如果婚神星跟對方海王星形成的是剋相，代表雙方上輩子曾經分屬不同的靈修團體，這輩子會有一種曾是同道中人的相像感與好感，但是後來會發現其實同中有異，今生雖然會有熟悉感，但日子久了會發現其實不同掛，因此自然而然的會淡化分開，不過不會有不愉快的感覺。

婚神星與對方海王星的相位，也意謂著過去世必然認識對方，所以才會有熟悉感，海王星代表了高層次的靈性精神，在這樣的關係中，海王星這一方會比婚神星更能感覺到彼此的不同與不和諧。例如我有一個同樣算是美食圈的人，他的婚神星在金牛，跟我的海王星天蠍一百八，早年我常常免費幫他站台，但後來發現對方並不像我是單純的在推廣美食，而是以賣商品為主，做的是美食圈的整合行銷與公關，因而感到失望，也就跟他漸行漸遠。

婚神星跟對方海王星不管相位好壞，雙方都會很有緣分，但是相位好壞會呈現出不同的相處模式。我的海王星跟兩大報主編的婚神星都有相位，其中一個人的婚神星跟我的海王星合相，另一個人的婚神星跟我的海王星九十。婚神星跟我的海王星合相的主編，我們經常會談天說地一起玩；婚神星跟我九十的那個主編雖然對我也很友善，但是兩人就是談不到一塊。

婚神星跟對方海王星合相時，海王星這一方會主動與婚神星接觸；婚神星跟對方海王星形成剋相時，海王星這一方會想要躲著婚神星，而婚神星這一方則會覺得海王星不可捉摸、不可靠，很難建立起穩固關係。以前我有一任男友，他的婚神星跟我的海王星九十，他對我很好，而且他的家世極好、家裡很有錢，人也很聰明。雖然一開始我對他會有一種前世的熟悉感，但是越來越感覺到彼此不同掛，因而分開。

將婚神星與天王星、海王星相位做個比較，當婚神星與天王星形成剋相時，即使雙方有再好的日月相位，天王星的剋相都必然會使關係結束；當婚神星與海王星形成相位，這個相位雖然不適合婚姻，但是長期下來會有同修的吸引力。

Chapter/10

婚神星與對方冥王星相位

婚神星是人際關係的最後一關，冥王星帶來最深、最糾葛的關係，當婚神星遇到冥王星，冥王星這一方是從自己的角度看關係，婚神星這一方是從關係的角度看關係，婚神星與冥王星的人際課題，正是透過重視關係的本質，從關係中認識自己。

當婚神星與對方土星或冥王星形成相位時，會為雙方帶來很強的連結。如果是婚神星與對方土星形成了相位，代表兩人的結合有宿世的債務關係，土星這一方是債主，土星這一世是要婚神星在關係中藉著服務來償還債務。

而婚神星與對方冥王星的相位則更為複雜，它並不是宿世中誰欠了誰這麼簡單，而是雙方在因果輪迴中經歷某些政治、經濟、軍事必須要被治療的重大創傷，在這一世兩人必須藉由共同的失落而重獲新生、得到救贖。

當一對夫妻的合盤中出現婚神星與冥王星相位，他們的關係就會涉及金錢、性、利益、權力的交換。冥王星這一方會扮演索取者的主動角色，婚神星這一方則扮演的是配合的角色。但這並不意謂著婚神星曾在過去世欠了冥王星什麼，它代表的是兩人要共同經驗過去世的創傷。

即使婚神星與對方冥王星形成的是一百二十度和諧相，它也不代表沒問題，和諧相只是代表這段關係比較容易通過衝突與考驗，進而帶來提升，比較經得起考驗。和諧相與剋相的差別，在於和諧相意謂著雙方這一世會透過創傷來學習，而剋相則意謂著兩個人除了要學習過去世的創傷之外，這一世還會再留下創傷，他們在今生容易重複發生跟過去世相同的不愉快的事。

不管形成的相位是否和諧，婚神星都需要冥王星提供資源，冥王星會擁有支配權，雙方的權力天平都不會平衡。舉例來說，冥王星這一方可能在前世因為戰爭而還沒安頓好婚神星就被迫分離，因此今生有宿命上必須照料婚神星的業力。

婚神星與對方冥王星的合盤相位，容易發生在與權力有關的重要關係中。不管相位好壞，雙方都必然會有性、金錢、權力的糾紛。冥王星極有耐心，彼此的暗流可能會維持十幾年才爆發，而婚神星這一方往往會覺得冥王星不公平，覺得自己被冥王星使用黑暗手段操縱控制。這個相位會帶來緊張而難以脫離的婚姻關係或家庭關係。

如果婚神星與對方冥王星形成的是剋相的話，這種關係與公平、正義、合理與否無關，它會很難掙脫、至死方休。和諧相也會有糾紛，但是較為隱藏，和諧相的糾紛雖然較好解決，但是也絕不輕鬆，它的糾紛是讓彼此學習更高階的親密關係功課，關鍵就在於必須要學會不支配對方。尤其是冥王星這方要能意識到性、金錢、權力的支配並非鐵律，必須要學會放手的精神。儘管可能會需要很多時間來學習轉化，但當事人可以察覺到轉化的過程。例如我妹妹良憶的婚神星就跟我的冥王星有一百二十度的和諧相，我以前經常會干涉她的情感生活與財務狀況，常常會批評她的男友，或者不管她是否需要，我都主動提供她財務上的協助。但在這樣的關係中，即使我自認付出很多，還是經常引發糾紛，所以後來我學到的功課是必須純幫忙，但是不能要求或支配對方，甚至如果對方不需要協助的話，只要暗地關心，不要主動干涉，這樣才不會一不小心就變成了控制。

附錄1

查詢星圖網站

1. Astrodienst: Horoscope and Astrology

網址：http://www.astro.com/

點選首頁右上角的「My Asrto」免費註冊，輸入出生資料後就可以排出本命星圖。若需中文化，還可以點選首頁右上角「中文」按鈕。

2. astrotheme.com

網址：http://www.astrotheme.com/

在首頁左側的「Free Astrology」點選「Horoscope, Sign, and Ascendant」進入填寫出生資料頁面，輸入資料後點選「next」，確定無誤後再次點選「next」，就可以排出一張包含小行星的本命星圖。

3. 占星之門

http://astrodoor.cc/

全中文占星網站，進入首頁後直接點選右上角「選單」，並選取「星座命盤」，就可以輸入資料排出中文化星圖。

1 請搜尋「占星之門」，或直接以網址「astrodoor.cc」進入首頁。在首頁右上角

登入　微信　臉書　選單▼

↑

點選「選單▼」

2 進入輸入出生資料頁面

STEP1 請輸入國曆出生時間
西元 ______ 年 ______ 月 ______ 日

STEP2 請設定出生地點
台灣　台北

3 將出生資料填妥之後，請點選下方「▼顯示進階選項」之後，就會出現以下選單：

□ 顯示小行星（凱龍星、婚神星、智神星、灶神星與穀神星）
□ 顯示次要相位

請點選「□ 顯示小行星」之後，再點選下方「辛苦了！請按我送出查詢」按鈕。

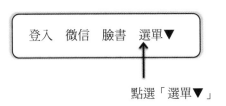

4 就會進入本命星圖頁面選單：

- 星盤圖片
- 行星位置
- 上升星座
- 星座比例

點開「星盤圖片」的藍色 bar，就可以看到包含小行星的本命星圖。

5 如果想看相位清單，請記得將網頁下拉，在網頁下方，還有四個藍色選單。

「法達運勢」、「進階資訊」、「十二宮位」、「相位列表」。

點開「相位列表」後，就可以看到哪些行星彼此形成了什麼相位，以及容許誤差度數幾度的明細表。

附錄 2 如何查詢小行星星座

1 如果想知道小行星的即時位置，可以上「astrotheme」網站。
可以直接搜尋「astrotheme」，或輸入網址：
https://www.astrotheme.com/
進入首頁後，網頁左方的
「Transits and Ephemerides」有包含小行星的現在即時行星位置及即時星圖。

將滑鼠移到即時星圖點下去，就會進入即時星圖的大圖頁面。

2 如果想要查詢特定時間的小行星位置天文曆，
可上「astro.com」。
可以直接搜尋「astro.com」，或輸入網址：
http://www.astro.com/

在網頁上方藍色底色處，有五個主選項：
「Home」、「Free Horoscopes」、「Astro Shop」、「All about Astrology」、「Contact」。
點選「All about Astrology」會出現許多選單，最右排選單「Ephemeris」中有以下選項：

- Ephemeris 2018
- Ephemeris 2019
- 9000 Years Ephemeris
- Swiss Ephemeris

3 點選「9000 Years Ephemeris」，
進入「Extended Chart Selection - Create an Ephemeris」頁面

4 在第二排選單：
Methods: Circular charts | Special charts | Ephemeris | Pullen/Astrolog
點選「Ephemeris」
並且在下方的「Please select」旁的下拉選單中，
選擇「Ephemeris/Asteroids for a year, PDF」，
先別急著點旁邊的「Click here to show ephemeris」按鈕。

5 先到下一欄的「Start date」輸入要查詢的年份，
再點「Click here to show ephemeris」按鈕，
就會出現該年度的小行星逐日天文曆。

附錄3

婚神星簡表

1961

1/1~1/25 摩羯

1/26~4/9 寶瓶

4/10~7/23 雙魚

7/24~8/19 牡羊

8/20~12/28 雙魚

12/29~12/31 牡羊

1962

1/1~2/28 牡羊

3/1~4/22 金牛

4/23~6/12 雙子

6/13~8/6 巨蟹

8/7~10/7 獅子

10/8~12/31 處女

1963

1/1~8/2 處女

8/3~10/29 天秤

10/30~12/31 天蠍

1964

1/1~2/6 天蠍

2/7~5/6 人馬

5/7~9/23 天蠍

9/24~12/23 人馬

12/24~12/31 摩羯

1965

1/1~3/18 摩羯

3/19~12/31 寶瓶

1966

1/1~1/5 寶瓶

1/6~3/7 雙魚

3/8~4/30 牡羊

5/1~6/21 金牛

6/22~8/13 雙子

8/14~10/13 巨蟹

10/14~12/31 獅子

1967

1/1~7/5 獅子

7/6~9/21 處女

9/22~12/15 天秤

12/16~12/31 天蠍

1968

1/1~5/22 天蠍

5/23~7/23 天秤

7/24~11/10 天蠍

11/11~12/31 人馬

1969

1/1~2/8 人馬

2/9~12/20 摩羯

12/21~12/31 寶瓶

1970

1/1~2/27 寶瓶

2/28~5/2 雙魚

5/3~7/6 牡羊

7/7~12/31 金牛

1971

1/1~2/18 金牛

2/19~4/24 雙子

4/25~6/24 巨蟹

6/25~8/27 獅子

8/28~11/8 處女

11/9~12/31 天秤

1972

1/1~9/24 天秤

9/25~12/22 天蠍

12/23~12/31 人馬

1973

1/1~11/18 人馬

11/19~12/31 摩羯

1974

1/1~2/5 摩羯

2/6~4/25 寶瓶

4/26~12/31 雙魚

1975

1/1~1/17 雙魚

1/18~3/15 牡羊

3/16~5/5 金牛

5/6~6/26 雙子

6/27~8/19 巨蟹

8/20~10/22 獅子

10/23~12/31 處女

1976

1/1~8/14 處女

8/15~11/7 天秤

11/8~12/31 天蠍

1977

1/1~3/13 天蠍

3/14~3/22 人馬

3/23~10/6 天蠍

10/7~12/31 人馬

1978

1/1~1/2 人馬

1/3~4/4 摩羯

4/5~7/30 寶瓶

7/31~10/31 摩羯

11/1~12/31 寶瓶

1979

1/1~1/18 寶瓶

1/19~3/19 雙魚

3/20~5/13 牡羊

5/14~7/6 金牛

7/7~8/31 雙子

9/1~12/31 巨蟹

1980

1/1~4/30 巨蟹

5/1~7/18 獅子

7/19~10/1 處女

10/2~12/29 天秤

12/30~12/31 天蠍

1981

1/1~4/19 天蠍

4/20~8/14 天秤

8/15~11/20 天蠍

11/21~12/31 人馬

1982

1/1~2/23 人馬

2/24~7/4 摩羯

7/5~10/4 人馬

10/5~12/31 摩羯

1983

1/1~1/2 摩羯

1/3~3/12 寶瓶

3/13~5/18 雙魚

5/19~8/8 牡羊

8/9~10/25 金牛

10/26~12/31 牡羊

1984

1/1~1/6 牡羊

1/7~3/15 金牛

3/16~5/11 雙子

5/12~7/7 巨蟹

7/8~9/8 獅子

9/9~11/21 處女

11/22~12/31 天秤

1985

1/1~4/18 天秤

4/19~6/18 處女

6/19~10/5 天秤

10/6~12/31 天蠍

1986

1/1~1/3 天蠍

1/4~11/30 人馬

12/1~12/31 摩羯

1987

1/1~2/17 摩羯

2/18~5/19 寶瓶

5/20~8/24 雙魚

8/25~11/26 寶瓶

11/27~12/31 雙魚

1988

1/1~2/4 雙魚

2/5~3/29 牡羊

3/30~5/19 金牛

5/20~7/9 雙子

7/10~9/1 巨蟹

9/2~11/29 獅子

11/30~12/31 處女

1989

1/1~3/2 處女

3/3~5/20 獅子

5/21~8/25 處女

8/26~11/17 天秤

11/18~12/31 天蠍

1990

1/1~10/18 天蠍

10/19~12/31 人馬

1991

1/1~1/13 人馬

1/14~5/4 摩羯

5/5~6/15 寶瓶

6/16~11/20 摩羯

11/21~12/31 寶瓶

1992

1/1~1/31 寶瓶

2/1~3/31 雙魚

4/1~5/26 牡羊

5/27~7/21 金牛

7/22~9/22 雙子

9/23~12/31 巨蟹

1993

1/1~5/20 巨蟹

5/21~7/30 獅子

7/31~10/11 處女

10/12~12/31 天秤

1994

1/1~1/17 天秤

1/18~3/21 天蠍

3/22~8/28 天秤

8/29~11/30 天蠍

12/1~12/31 人馬

1995

1/1~3/12 人馬

3/13~6/4 摩羯

6/5~10/21 人馬

10/22~12/31 摩羯

1996

1/1~1/12 摩羯

1/13~3/23 寶瓶

3/24~6/6 雙魚

6/7~12/31 牡羊

1997

1/1~2/5 牡羊

2/6~4/3 金牛

4/4~5/26 雙子

5/27~7/21 巨蟹

7/22~9/20 獅子

9/21~12/9 處女

12/10~12/31 天秤

韓良露生命占星學院 10

千里姻緣何處牽：婚神星的婚姻密碼

作　　者／韓良露
撰述委員／宋偉祥、李幸宜、曾睦美、繆沛倫、韓沁林、羅美華
特約主編／繆沛倫
美術設計／蔡怡欣、Bear 工作室

創 辦 人／朱全斌
董 事 長／施俊宇
社　　長／許悔之
營 運 長／李長軒
編輯出版／南瓜國際有限公司
　　地址：110 台北市信義區東興路 45 號 8 樓
　　客服電話：（02）2795-3656
　　傳真：（02）2795-4100
總 經 銷／紅螞蟻圖書有限公司
　　地址：114 台北市內湖區舊宗路二段 121 巷 19 號
　　電話：（02）2795-3656
　　傳真：（02）2795-4100
　　網址：www.redant.com

ISBN 978-986-95994-0-5
初版一刷 2018 年 4 月 1 日
定價／350 元

韓良露生命占星學院 https://www.facebook.com/LuluAstrology

國家圖書館出版品預行編目（CIP）資料

千里姻緣何處牽：婚神星的婚姻密碼 / 韓良露著 .
-- 初版 . -- 臺北市：南瓜國際，2018.04
面；　公分
ISBN 978-986-95994-0-5(平裝)
1. 占星術
292.22　　107004166